青少年体质健康监控与管理研究

韩 伟/著

吉林科学技术出版社

图书在版编目(CIP)数据

青少年体质健康监控与管理研究 / 韩伟著. --长春:
吉林科学技术出版社,2019.8
ISBN 978-7-5578-5841-4

Ⅰ.①青… Ⅱ.①韩… Ⅲ.①青少年—体质—健康教
育—研究—中国 Ⅳ.①G479

中国版本图书馆 CIP 数据核字(2019)第 167336 号

QINGSHAONIAN TIZHI JIANKANG JIANKONG YU GUANLI YANJIU

青少年体质健康监控与管理研究

著　韩　伟
出 版 人　李　梁
责任编辑　李思言
封面设计　马静静
制　　版　北京亚吉飞数码科技有限公司
开　　本　710mm×1000mm　1/16
字　　数　224 千字
印　　张　12.5
印　　数　1—5 000 册
版　　次　2020 年 3 月第 1 版
印　　次　2020 年 3 月第 1 次印刷

出　　版　吉林科学技术出版社
发　　行　吉林科学技术出版社
地　　址　长春市人民大街 4646 号
邮　　编　130021
发行部传真/电话　0431—85635176　85651759　85635177
　　　　　　　　　　　　　85651628　85652585
储运部电话　0431—86059116
编辑部电话　0431—85635186
网　　址　www.jlsycbs.net
印　　刷　三河市铭浩彩色印装有限公司

书　　号　ISBN 978-7-5578-5841-4
定　　价　70.00 元

前　言

　　青少年是民族的未来。青少年的体质健康与国家和民族的强盛密切相关。当前,青少年体质健康问题是世界各国研究的一个新领域,也是一个热点与难点问题。

　　近些年,随着经济的发展与物质生活的丰富,肥胖与现代文明病已经成为威胁人类健康的重要因素,加上世界人口不断增加,工业化与城市化进程加快,环境污染急剧加重,这些都容易引发一系列疾病,如癌症以及呼吸系统、循环系统疾病等。加强对青少年体质健康的监控与管理,有助于缓解上述问题,不断提升青少年的体质,落实科学发展观,推进全面素质教育,培养新时代中国特色社会主义事业的合格接班人与建设者。基于此,作者精心撰写了《青少年体质健康监控与管理研究》一书。

　　本书共包含八章。第一章探讨了青少年体质健康制度的演进及政策执行效力,为下文内容的展开提供了政策规范。第二章对青少年体质健康与大健康观进行了探讨,首先探讨了体质与健康的概念、关系,然后分析了青少年体质健康的现状调查,最后论述了"健康中国"背景下的大健康观。第三章分析了青少年健康促进理论与方法体系,包含健康促进的概念、内涵与构成要素以及青少年生理健康、常见心理问题、社会适应能力及其促进方法。第四章分析了青少年健康体适能及运动干预,包含健康体适能与干预的相关概述、青少年健康体适能的基本内容、青少年健康体适能的常用干预手段以及青少年运动处方的制定、实施与监控。第五章对青少年运动功能训练与管理进行了研究,包含身体运动功能训练的理念、原则、内容、方法、计划制定。第六章从身体形态、身体机能、身体素质等层面探讨了青少年体质健康测量与评定,并分析了测评体系存在的问题与完善对策。第七章探讨了青少年体质健康管理与运动安全体系的构建,首先概述了青少年体质健康管理与健康行为,然后分析了运动营养管理、运动安全管理、体育运动卫生指导。第八章以实践收尾,论述了青少年体育运动锻炼项目的选择与指导,力求实现理论与实践的结合。

　　整体而言,本书理论知识科学严谨、实践方法指导性强,结构完整、逻辑清晰、内容翔实,在撰写过程中还突出了系统性、实用性和时代性特点,是一本关于青少年体质健康教育的科学读本。

作者在撰写的过程中参阅了大量有关青少年体质健康、体能锻炼的书籍和期刊文献，同时为了保证论述的全面性与合理性，也引用了许多专家、学者的观点。在此，谨向以上相关作者表示最诚挚的谢意，并将相关参考文献列于书后，如有遗漏，敬请谅解。

由于作者水平有限，加之时间匆促，书中如有疏误实所难免，恳请同行专家和读者不吝指正。

作　者

2019 年 4 月

目　录

第一章 青少年体质健康制度的 演进及政策执行效力

  青少年体质健康是一个比较复杂的问题,从传统的行政专业治理层面来讲,传统的问题解决大多倾向于专业领域的视角,导致青少年体质健康问题往往呈现局部的、碎片化的特征,并未形成一个整体和系统。根据青少年体质的严峻性与重要性,我们需要从全新的视角出发,对青少年体质健康的路径进行分析和探讨。但是,在探讨的初期,我们应该首先梳理一下青少年体质健康制度的演进情况,具体分析青少年体质健康政策的执行现状与有效路径。

第一节 青少年体质健康制度的由来

  目前来说,所有从事体质测试的国家组织都非常重视国民体质健康问题,并且对相关的概念进行了阐释,使得这些概念要求与指标的选择达成完美的一致。但是由于不同国家组织的观点、习惯等各不相同,体质健康测试有着不同的目的与任务,因此体质测试的指标选择各不相同。

  随着社会的不断进步、经济的快速发展,人们的物质文化生活逐步得到提高与丰富,这使得社会上出现了很多的文明病,其对于人类的健康影响巨大。因此,健康开始受到各个国家与地区的重视,很多国家希望通过对体质健康制度的研究,对国民的健康问题加以解决。美国、日本等国家从 19 世纪开始,就对体质健康测试制度展开分析和研究,经过一个多世纪的研究与发展,各个国家的体质健康制度呈现不同的特点与趋势,这在概念、评价指标、评价内容等层面都有体现。

第二节 青少年体质健康制度的演变与发展

一、国外关于体质健康制度的演变与发展

(一)日本体质健康制度的演变

在当今世界上,日本是拥有青少年体质调研资料最为全面的国家,其将体质定义为"体力"。从 1898 年至今,日本对青少年成长发育的问题进行了深入研究,并积累了丰富的资料,这些资料也是对经济与政治环境的一种反映。具体而言,这一过程可以划分为如下三个阶段。

1. 第一阶段(1945 年以前)

1879 年,也就是明治时期十二年,日本就开始调查一部分学生的体质情况,主要检测了这部分学生的八项指标,即身高、体重、胸围、上臂围、肺活量、下肢围、握力以及饮食量。随着调查的深入,之后又增加了力量与疾病情况的调查。1939 年,受战争的影响,为了实现扩张,日本进行了历史上最大规模的国民体质监测。

2. 第二阶段(1945—1960 年)

日本为了更好地提高国民的身体素质,增强他们的体质,便对他们的体质进行了测定,如 1949 年、1952 年、1954 年等进行了大规模测定,尤其是注重测定 8—18 岁的青少年的跑跳能力、悬垂能力、灵活度、跳投能力等。

3. 第三阶段(1960 年以后)

从 1970 年开始,随着社会与科技的迅猛发展,日本社会开始向信息化、多样化等方向转变,日本国民体质也逐渐受到影响,同时科技为国民体力与教育的变革提供了巨大的帮助。

1963 年,日本文部省针对 6—9 岁的学生颁布了《小学低、中年级运动能力测验实施要案》。

1964 年,日本文部省针对 10—29 岁的小学高年级、初中、高中、中等专业学校、短期大学、大学和劳动青年颁布了与之相对应的运动能力测验实施要案。这表明 10—29 岁的青少年必须要进行体质诊断与测试。

1967 年,日本文部省针对 30—59 岁的壮年人群进行体质方面的测试与诊断,同时更加重视测试的开放程度。在每年的 5—6 月份,日本文部省都要求在全国范围内测定国民的体质,并每一个年度都提出专门的报告书,以公布国民的体质检测结果。1999 年,文部省又对体质检测指标进行了修改,要求采用新的指标。

与过去测试指标相比,新的指标呈现如下几点特色。

(1)测试指标的数量逐渐减少,如 10—29 岁的测定标准之前有 14 项指标,但是后来减少到 5~8 项。

(2)设置了一些各个年龄段都通用的指标,包括仰卧起坐、坐位体前屈和握力。

(3)重新划分了各个年龄组,主要分为四级,即小学年龄段、中学年龄段、20—64 岁年龄段、65—79 岁年龄段,同时对于低年龄段加大了跨度。

总体来看,日本将体质定义为体力,并且对国民体力的检测历史长达 100 多年。日本一些学者又对体力进行了划分,主要包含两类:一类是行动体力,另一类是防御体力。

随着学校体育改革的推进以及国民体育观念的提升,日本也不断对测试指标进行更新与完善。新的测定指标增添了健康评价的内容,并且删除了台阶测验与引体向上,这是对测试工作负担的减轻。在测试耐力时,除了男子要跑 1 500 米、女子要跑 1 000 米外,还可以选择一些其他项目,如 20 米往返跑,这就保证了测试的有效性与安全系数。同时,这样的变动可以调动受测试人群的兴趣。

新的测试指标也设置了一些各个年龄段的通用指标,这些指标不仅有助于对受测试人群进行纵向的比较,而且有助于进行整体性的评价。当然,对于台阶测试的取消,主要是因为一些专家认为这个测试反映出的耐力效度低,不是有效的测试,另外由于学生随着年龄的增长,腿长也在不断增加,如果使用同一项标准的台阶测试,并没有什么较大的可比性。

(二)美国体质健康制度的演变

美国是世界上科技、经济都非常发达的国家,因此非常重视与关注国民的体质。在体质研究方面,常根据每一个学校与地方的特点进行规划,从而进一步推进国民体质的健康发展。具体而言,美国的体质健康制度演变可以划分为如下三个阶段。

1. 第一阶段(1958 年以前)

这一阶段是引起重视的阶段。1954 年,Krus-Weber 测试引起了美国人们的关注,之后青年体质总统委员会(现已更名为体质与运动委员会,PCPFS)随后成立。

1958年,各个组织设计了多项指标,包含50码跑、600码跑、仰卧起坐、引体向上、往返跑、立定跳远等,并开始对青少年的体质健康问题进行普查。美国还启动了相应的指标与标准,对全国范围内国民的体质问题进行研究。

2. 第二阶段(1959—1985年)

这是争鸣阶段。1958年之后,美国于1965与1975两年进行了两次普查,在这一时期,美国的一些机构也对体质健康进行了界定,并讨论了具体的指标与内容,同时对之前的测试提出了一些相应的问题,指出垒球掷远项目不是对个人力量的反映,而是对技巧的反映。

1975年,美国研究机构将垒球掷远与穿梭跑这两个项目取消,并且指出600码跑不能用于对心肺功能的测试。

通过讨论,美国体育、娱乐、卫生、舞蹈联合会对Fitness做出了新的解释,并对测试的指标进行了修订。

1985年,美国取消了50米冲刺跑与立定跳远,并定义了新的测定指标,包含仰卧起坐、1分钟跑或9分钟跑等。同年,在联邦健康部门的资助下,体质与运动委员会再一次对全国学校人口体质进行了普查。之后,便每隔10年对青少年进行一次体质普查。

3. 第三阶段(1985年以后)

这是规划发展目标阶段。美国从1985年开始便对新的测试目标进行制定,1988年新的《最佳健康计划》开始推行。其测试的项目具体如下。

(1)通过1分钟跑或者1分钟走测试心肺功能。

(2)通过身体密度指数、皮质厚度等测试是否肥胖。

(3)通过直腿坐位体前屈测试身体柔软度。

(4)通过引体向上测试肌肉耐力与力量。

1990年,美国又提出了一项十年计划,称为"2000年健康人",这一计划的提出主要是为了督促国民参与体育锻炼,从而提升自身的身体素质。

在体质健康研究上,美国的研究历史非常长,其中诞生了很多先进的学术思想与实验方法。对于Fitness(体质)一词,美国的健康、体育、娱乐、舞蹈协会将其定义为一个人能够进行有效活动的状态。

著名学者克拉克(Clarke)将其定义进行简化,认为Fitness就是人们能够精神满满地完成工作且不会感觉到疲惫的状态。

1945 年,美国著名的生理学家克尔顿(Cureton)提出 Fitness 包含三个要素,即机能能力、体格、运动能力。

随着社会的进步和时代的发展,其概念也在不断深化与演进。其中,与 Fitness 相对的测定指标体系主要限定在运动能力层面,尤其是对跑、跳等层面的测定。而后,美国体育界对身体素质测定的内容进行了讨论与争辩,最后认为身体素质主要包含如下两个含义。

(1)与运动成绩提高有着密切关系的运动素质。

(2)与增进健康有着密切关系的健康素质。

水平较高的上肢力量、自身的速度和爆发力与人体健康的关系不大。也是因为这一点,1975 年美国体质普查中将往返跑、垒球投掷项目取消;1985 年,50 米跑、立定跳远也被取消。同时,美国体质普查项目中增加了 1 英里跑与直腿坐位体前屈这两项,一个是为了测试心血管功能,一个是为了测试腰背柔韧性。这就反映出美国体质测试制度逐渐从对运动技术指标的检测过渡到对身体健康指标的检测。

就当前而言,美国体质健康测试的指标主要包含以下内容。

(1)1 英里走或跑。

(2)体脂含量。

(3)身体质量指数。

(4)仰卧起坐。

(5)坐位体前屈。

(6)屈臂悬垂。

(7)引体向上。

1998 年,美国的健康、体育、娱乐、舞蹈协会公布了另一个测试方法,即 Physical Test,其测试内容主要有以下五项。

(1)1 英里走或跑。

(2)皮脂厚度。

(3)身体质量指数。

(4)引体向上。

(5)坐位体前屈。

通过上述内容可以发现,这些指标都将人体健康考虑进去,归纳起来主要有以下四个层面。

(1)心肺功能。

(2)肌肉力量、肌肉耐力。

(3)身体柔韧度。

(4)身体组成。

这四个层面是否良好,关系着人们能否安全地从事工作与劳动,因而是国民体质健康检测的重要指标。

(三)法国体质健康制度的演变

19世纪后期,法国开始施行体力测定,其测定的早期目的在于防御与战争等,之后逐渐成为测试国民体质的一项重要举措。

1956年,法国针对学生的体质健康问题,制定了专门的《体育及格测验标准》。1975年,法国又对这一标准进行了修改,更名为《青少年身体测验标准》。

20世纪50年代,《体育及格测验标准》主要测定的是人们的运动素质,其无论在内容上还是在形式上,都与运动成绩密切相关。

20世纪70年代中期,法国将身体素质命名为两个不同的概念。

(1)运动素质,与运动成绩有着紧密关系的身体素质。

(2)健康素质,与增进身体健康、预防疾病有着紧密关系的身体素质。

在对身体素质的划分上,也从之前的身体素质测试转向身体健康测试。法国学者经过多年的辩论,在这一观念上达成了一致。

1980年,法国的卫生、体育、娱乐和舞蹈联合会颁布了新的《体质健康测试》。其倡导者指明了运动素质与健康素质之间的区别。

(1)运动素质倾向于运动员,健康素质针对每一个人。

(2)运动素质要求的速度、爆发力与遗传有着密切关系,健康素质往往后天可造。

相关研究表明,每个人经过相应的锻炼都能得到与良好健康水平相一致的素质水平。由此可见,这种新测试法是以科学为基础,鼓励青少年积极地参与体育锻炼,努力提高健康素质,不断增进身体健康。法国《体质健康测试》的主要测试内容包括1.5英里跑或12分钟跑、直腿体前屈、1分钟仰卧起坐以及三角肌、肩胛下肌测定;素质内容主要有肌肉力量/耐力柔韧性、体脂百分比、心肺功能/耐力。

二、国内关于体质健康制度的演变与发展

(一)我国内陆体质健康政策的演变

我国对于国民体质健康的研究也是非常重视的,这可以从我国的政策法规中看出来。我国对体质健康的研究探索可以划分为三个阶段。

(1)1949年以前,即测试探索阶段。在近代中国历史上,受外国侵略的影响,我国国民的体质较弱,有"东亚病夫"之称,因此我国积极倡导"强国强

民,尚武救国",并且确立了学校体育的地位和作用。我国很多学者也调查和研究了青少年儿童的身体发育情况。但是,由于受多种因素的影响,很多调查并未真正地反映出青少年儿童的身体特征。

(2)1949—1978 年,即体质研究的酝酿阶段。在这一阶段,我国先后进行了 15 次之多的青少年体质测试,学校也将"增强学生体质,促进学生身心健康"作为根本任务。但是在这一阶段,我国并未对体质健康给予明确的界定,而且体质健康包含的内容也非常模糊,很难反映青少年的身体发育情况。

(3)1979—2000 年,即规范化阶段。在党的第十一届三中全会后,我国社会经济状况发生了很大的改变,一些部门对国民体质的研究也取得了一定的进展。在 1979 年对全国 16 省(市)大规模体质测试的基础上,我国原国家体委、教育部和卫生部等部门于 1985 年、1991 年和 1995 年对我国 7—22岁学生展开了身体机能、身体素质等多个层面的测定,同时每年进行小规模的测定,5 年进行大规模的测定。此后,2000 年又进行了有史以来年龄最齐(3—69 岁)的国民体质调研,并在测试的过程中增加了问卷调查,使对国民体质的研究更趋向于合理。同时,一些研究取得了可喜的成果,并对我国《全民健身计划纲要》的实施给予了极大的帮助,推动了我国的学校体育改革。很多学校实施了《国家体育锻炼标准》,同时开展了《学生体质健康标准》,测试指标也从之前的对身体运动素质的测定转变为对健康素质的测定,这些都意味着我国的体质健康研究已经步入了一个新的阶段。

(二)中国港澳台地区体质健康政策的演变

中国港澳台地区提倡"体适能"政策。就广义层面而言,"体适能"是指人体对外界环境的适应能力,是健康概念的扩展与延伸。

Fitness 一词最早在英文文献中出现,中国香港、中国台湾等地区的运动生理学界首先将 Fitness 定义为"体适能"。其中,构成体适能的要素有很多,具体如下。

(1)心肺耐力。

(2)肌力耐力。

(3)柔软度。

(4)神经肌肉松缓能力。

(5)身体组合。

(6)抵抗疾病能力。

根据每个人的不同需求,体适能可以划分为以下两种类型。

（1）运动体适能，包含爆发力、灵敏度、速度等。其是竞技比赛中运动员追求的体适能。

（2）健康体适能，包含耐力、肌肉力量、心血管耐力等。其是一般人为了预防疾病、提高自身的健康度而追求的体适能。

很显然，对于青少年来说，他们所需要的是后者，即健康体适能。中国台湾地区体育行政管理部门非常重视学校体育，并制定了有关学校体育的法规制度和计划，如《提升学生体适能中程计划（333 计划）》《体适能优异学生奖励要点》和《各级学校体育实施办法》等。《标准》的测试目标与学生的健康体适能的发展基本上是一致的。

（三）体质健康制度发展的成果

随着科技的不断发展和我国各个学校体育卫生工作的推进，对学生体质健康的研究工作也在逐步推进。中华人民共和国成立之后，各地政府对学校的体育卫生工作、青少年的身体健康是非常关注的。

1952 年，教育部和国家体委考虑我国的国情，并结合苏联的模式，联合颁布了《学校体育工作暂行规定》，之后于 1956 年又颁布了《准备劳动与保卫祖国体育制度》（以下简称《劳卫制》）。

1975 年，国家颁布并实施了《国家体育锻炼标准》，目的是让青少年更加主动、积极地参与体育锻炼，以提升他们的身体素质。

1982 年与 1990 年，国家对《国家体育锻炼标准》进行了两次修改。

1990 年，国家又颁布了《学生体育合格标准》。

1992 年，国家又颁布了《中学生体育合格标准》。

上述标准与政策的颁布，说明我国的体育工作在逐步推进，这也极大地调动了青少年的积极性与主动性，加大了他们参与体育锻炼的热情。

1979 年，国家体委、教育部、卫生部展开了一次包含青少年、儿童在内的全国范围内的调查工作，调查的主要内容包含素质、形态、机能等。

1981 年 12 月，中国体育科学学会体质研究会成立。

1985 年，对全国学生的体质进行了调查研究。

1994 年，对全国职工的体质进行了调查研究。

2000 年，国家体育总局对我国 31 个省市区进行了全国普查，包含全部年龄段的检测。2005 年，又进行了第二次检测。

上述几次调查结果表明，我国学生的身高、体重、营养情况等有了一定程度的改善，常见疾病的发病率有所降低。但是，学生的体能、肺活量等明显下降，近视眼发病率居高不下。

《国家体育锻炼标准》作为我国学校体育工作评价的一项指标，与学校体育改革越来越不相符。在内容设置层面，这一标准也受到了竞技体育的影响。因此，成绩达标只能表明身体素质发展水平，但是不能反映具体的体格与身体机能发展情况。当前，学校体育中的"结构考核""达标测试"等不但有很多重复的内容，而且存在着明显的弊端。因此，这就需要制定一套全面、科学、实用的标准，争取能够"一标多用"。

国家通过分析和总结上述标准的具体执行情况以及取得的成效，并考虑近些年学生体质调研中发现的近视眼、心肺功能下降等情况，参考国际上与之相关的成功经验与做法，将健康素质作为主要的指标来建构新的评价体系。

新的评价体系能够一标多用，激励学生参与体育锻炼，而不仅仅是为了完成测试。在评价中，也采用了个体评价标准，这样能够看出不同学生之间的差异，对于鼓励学生积极参与体育锻炼也非常有利。

通过体育锻炼来对身体健康状况进行改善，有助于促进身体健康发展，有助于促进青少年学生更积极地参与体育锻炼，使他们具有正确的健康意识与生活方式，从而发挥学校体育的巨大意义与作用。

三、国内外体质健康制度的共性与差异

(一)国内外体质健康制度的共性

(1)各国的政治、经济因素等对体质研究产生了重要的影响，同时研究结果对其有着反作用，即促进了经济发展、影响了国民政策与法规等，从而帮助国家设立全面的健身计划与标准。

(2)各国的体质研究都将学生作为首要研究对象，并且在研究过程中给予了极大的重视。因此，学生体质层面的研究具有系统性，但是受设备、仪器等因素的影响，测试缺乏可靠性，评分方法也存在争议。

(3)全民健康成为各国体质健康研究的最终目的。就目前来说，对人体健康产生重要影响的因素包含身体成分、肌肉力量、心血管系统等，这些因素也不断影响着人们的工作与学习。现如今，身体健康素质这一概念与身体成分、肌肉力量、心血管系统等在全国评价中都有着广泛的应用。

(二)国内外体质健康制度的差异

1. 对体质健康概念的理解的差异

如上文所述，在美国，体质测试称为 Fitness Test。1958 年，美国将体

质定义为个体能够有效开展活动的程度与状态。随着社会、经济等的发展，西方逐渐趋向于老龄化，因此人们对体质的界定也发生了转变，即定义为个体能够安全从事体力劳动的程度与状态。1970 年之后，西方国家的研究者认为 Fitness 包括运动素质和健康素质。前者是对运动员来说的，后者是对普通大众来说的。

中国对体质的界定与日本相似，只不过在要求与提法上有所区别。在日本的研究者看来，体质是身体与精神的融合。而中国于 1982 年这样界定体质，即体质是人体的质量，是在遗传因素与后天的影响下所呈现的身体素质、生理机能等多层面的稳定状态。

2. 在科研方向和与社会联系上的差异

美国在体质健康研究上十分有规律，而且研究范围非常广泛，在资料的收集上也很有目的性与计划性，同时与社会建立起更为广泛的联系。美国将体质工作的开展与学校课程、个体健康、健身教育等融合为一体，使娱乐、体育等工作能够同步开展，这对于增强学生的体质非常重要，也有助于他们的身心健康发展。

日本的课题来源渠道较多、方向明确，并与学术结构有着密切的关联，因此可以全方位地进行跨学科研究，也可以推动者其他学科的发展。

我国在体质研究方面与生物学、遗传学等紧密联系起来，但这并没有发挥这些学科的优势，因此具有明显的局限性。在研究人员与机构上，中国显得非常薄弱，在与社会的联系上也有所脱节，并未形成一个方便的、快捷的评价体系，很难对国民的体质进行准确的测量与评价，这不仅凸显出体质科研工作的薄弱，而且很难保证体质健康研究的质量。

第三节 青少年体质健康政策执行现状

一、政策制定层面的现状

(一)政策问题认识存在偏差，政策目标层次较低

政策制定过程的起点源于对政策问题的认知。人的体质健康水平会受到很多因素的影响和制约，如社会环境、生活方式等。青少年体质之所以逐渐下降，主要也会受到教育、社会等的影响。我国青少年体质健康政策制定

主体在认识上也存在着某些偏差,导致青少年体质健康政策导向的错误,尤其表现在将责任归结于学校教育。

但是要知道的是,学生体质健康的提升与促进属于一个系统过程,虽然体育教育有提升学生体质健康的重要责任,但是如果仅仅依靠学校教育是不容易实现的。

也正是由于未找到具体的根源,以及政策制定主体的制约与限制,因而基本政策目标处于较低层次,也就是说政策目标层次偏低,这也使得体质健康政策执行主体在广度上的缺乏,再加上资金的限制,导致政策执行缺乏方案、使用工具非常单一,执行起来当然困难。

(二)政策目标功利性强、标准低、数据虚假

国内政策的提出主要是为了解决问题,因此具有较低的前瞻性。这在青少年体质健康的相关政策上也有明显的表现。《中共中央国务院关于加强青少年体育增强青少年体质的意见》中要求运用五年的时间,让青少年体质健康普遍达到基本要求,即保证耐力、力量、速度等的提升,并解决营养不良与肥胖问题。

为了实现这一目标,我国在不同的时期制定了相应的标准,如《国家体育锻炼标准》《学生体质健康测试标准》,2007 年又推出了《国家学生体质健康标准》。通过分析上述标准可以看出,青少年体质健康的各项指标明显下降。2011 年 12 月对检测的指标进行抽样,也发现了很多问题,甚至很多数据还需要进行核实与探究。

体育的最终目标是促进人的全面发展,而提升青少年的体质是其重要的手段。如果对青少年体质进行过分强调,会使人们将多功能的体育仅仅视作简单的体质健康教育,这样很容易导致政策主体过分关注青少年的体质指标,而忽视青少年的全面发展。

(三)政策法律效力不足,具体政策标准不明确

我国青少年体质健康政策主要是国务院、教育部等发布的行政法规,除了《体育法》等个别政策是国家立法外,其他大部分都是一些相关的文件、通知,这些政策具有较低的法律效力,很难真正地在基层落实。

例如,国务院办公厅 2012 年 53 号文件明确规定:各地人民政府要对发展学校体育的职责予以认真落实,将学校体育发展融入本级政府年度工作报告中。但是,在 2013 年的政府工作报告中,除了北京以外的很多省、自治区、直辖市政府,都未将青少年的体育发展问题融入进去。同时,由于具体的政策指标不明朗,很多政策的实施具有交叉问题,如在政策资源的供给

上,按照国家或地方规定,学校应该逐步配齐体育场地、器材等;在经费上,要求安排一定数额的经费,保证学校体育工作的开展,国家与地方行政部门也应该给予辅助。不难发现,上述政策有很多的"逐步""一定数额"等字词,这些字词很容易导致在具体实施过程中的拖延与敷衍情况。

二、政策执行与落实层面的现状

(一)政策执行经费资源有限

我国青少年体质健康政策执行的经费资源是非常有限的,在国家财政性体育投入方面,学校也很难获得专门的投入。根据统计,一些模糊指标经常出现,如从教育经费中统筹安排。例如,在国家财政性教育投入上,我国2012 年突破 2 万亿,达到 GDP 的 4%,但也比世界平均水平低很多。教育经费投入不足,导致学校体育政策执行的资金不完备。

同时,国家出台的一些政策往往侧重地方的落实,并未涉及财政性资源层面,政策执行中所需的经费也往往由地方来承担,受利益关系的影响,地方政府会选择最有利的措施来实行,这必然会出现执行困难的情况。

(二)政策执行机制和监控机制不健全

要想有效执行政策,就需要执行组织间通过各种手段与方式,对政策目标、评估标准等进行明确,包含制度化的规范、程序等。虽然各个政策执行主体对很多规章制度、评价标准进行了制定,并明确了奖惩措施,但是执行机制与监控机制的欠缺、不健全,导致在具体的实施中可操作性差,出现失败的结果。

2007 年,教育部和国家体育总局推出了《国家学生体质健康标准》,建立了专门的学生体质健康标准数据库,要求每年各个学校都要上报自己学生的测试结果。但是,真正上报率还达不到 50%。

在政策的执行上,评价体制很不健全,奖惩机制也不够公平,如对学校、学生的评价体系都没有明确的指标。奖惩制度的制定是政策得以实行的动力,是执行主体对政策进行有效实施的保证。

当前,虽然一些省市已经开始将学生的体质健康纳入绩效考核指标,但是多数都是奖惩机制,如云南、四川等地出台的具体文件表示,如果某一学校三年内学生的体质下降,那么就会直接影响学校的评优评先,实行"一票否决",相关的领导也需要问责。

为了对具体的政策进行落实,执行主体也对体育教师实行问责制度,但是这种措施并没有考虑体育教师的具体情况,问责制也强调的是惩罚,而未考虑奖励,因此权责利呈现不对等的情况。同时,由于监管不力,基层执行人员出现数据谎报的情况,政策目标也很难真正实现。

政策执行监控机制的不健全表现为多数青少年体质健康政策执行、监测主要由教育系统来完成,缺乏多层次监控机制。由于我国政策执行采用"自上而下"途径,上级监控部门获取政策执行信息的渠道过分依赖于学校的单方面汇报,加剧了政策执行信息不对称,增加了监控的难度。

第四节　青少年体质健康政策
有效执行的路径

一、政策制定者的有效做法

(一)提升政策目标

公共政策的制定与执行是为了推进社会的全面发展,我国制定相关的体育政策也是为了对国民的健康水平予以保证,服务于国民的全面发展。因此,这里有必要探究青少年体质健康问题的根源,对政策的目标进行调整。同时,将一些先进的经验引进来,为我国的体育政策服务,实现健康医疗、社会保障与强国梦。这就需要以国务院作为主导,多部门配合,多领域联合制定,从而保证青少年健康政策的执行,提升政策的认同度与目标。具体而言,应该将"工具人"的培养目标转化为"全面发展人"的培养目标,注意在培养的过程中融入终身教育意识,实现终极教育目标。

由于城乡之间有着较大的差距,在具体政策目标的制定层面,可能还需要对地方的决策权予以扩大,让地方根据自身的实际情况,制定与青少年体质健康相符合的方案与标准。

另外,在政策的制定层面,还应该将青少年的教育工作上升到法律层面,提升法律的效率,如修订《中华人民共和国义务教育法》《体育法》和《学校体育工作条例》等,对青少年的体育工作给予指导与保障,从而推动青少年体育工作的有效发展。

(二)健全政策体系

对青少年体质健康政策体系的完善,需要相关的政策作为指导。理性选择制度主义指出,博弈的回报由外部制度规则决定,外部制度规则的改变必然导致人们选择的变化。因此,要不断修改青少年体质健康政策的相关规定,如对高考加分政策进行调整,对一些加分项目进行减少或终止;对升学考试制度进行改革,采用综合评定手段,注意采用过程性评价。

需要指出的是,减负政策的出台与实行,需要将学生家长的情况考量进去,不能认为提前放学就是给学生减轻了负担,而应该考虑让学生放学之后参与体育活动,保证学生体育活动有充足的时间。

另外,应该对学校意外伤害的处理方法进行调整,可以借鉴一些其他国家的先进政策,学校可以以共同过失、政府免责权等免除自身、教师的民事责任,并从敢冒风险的理论出发,对学生自身的责任意识予以强化,由学生自己担任风险,并通过保险获得补偿,这就是个人风险由社会承担的典型案例,从而不断减轻学校、个人的压力,便于学校开展学生体质健康工作。

二、政策执行者的有效做法

(一)丰富政策执行手段

在青少年体质健康政策执行手段上,美国政府通过相应的法律,对政策的权威性予以保障。通过技术手段的融入,对青少年参与体育活动的积极性予以提高。例如,及时在官方网站上公布指导性政策的使用手册、宣传视频、演示义稿模板、光盘、宣传展板等,这些具体的内容可以让教师与学生进行免费学习与观看。这些技术手段的融入将青少年学校体育与社区体育兼容,从分析、指导到二者的合作与评估,构建了一套完整的体系,形成了明确的指导建议。

由此,我国的青少年体质健康政策应该采取各项执行手段,通过立法,对违反青少年体质健康政策的问题加以惩处,保证青少年的权益,通过网络等技术手段,加强政策的传播,提高青少年自身对体育的认知,提升他们的体育意识。通过提升学校体育教学水平,来培养青少年的运动技能,从而帮助学生养成终身体育的良好习惯,让他们积极参与体育锻炼。

另外,我国需要将学生体质融入个人综合考评之中,注重过程性评价,将体质与学生的升学、评优等挂钩,这对于提升青少年的体质非常有利,也有助于提高他们参与锻炼的短期效益。

(三)优化政策执行环境

人们生存的环境、生活的方式往往会对他们的体质健康水平产生影响,因此应该在各个领域、整个社会为青少年体育锻炼创造一个良好条件。

（1）发挥媒体的作用，进行正面宣传，树立积极的、健康的榜样。大众传媒往往会对人们的价值观产生影响，具有巨大的导向作用，会暗示着人们的行为活动，因此可以报道一些青少年喜欢的体育项目，对全面健身活动进行宣传，激发整个社会对体育运动的认识。

（2）对体育公共服务进行完善，为人们创造一个参与体育锻炼的条件，尤其是要对社区青少年体育服务平台进行完善，发挥社会在青少年体质健康政策中所起的作用。

（3）加强家庭教育，养成家长、孩子一起参与体育运动的习惯。家长的态度往往会对孩子的习惯产生影响，也会提升他们对体育运动的认知度与体育意识。同时，家长不仅要在态度上予以支持，还要在行动上为孩子树立榜样，如此形成学校、家长、学生三位一体的局面，构成青少年体质健康促进体系，为青少年创造一个参与体育运动的良好环境。

三、政策对象的有效做法

（一）提高对体质健康政策的认知

青少年自身的体质健康认识是青少年体质健康政策有效执行的内在因素，要想提升青少年的体质健康首先要改变他们的意识，让他们主动地参与体育锻炼。也就是说，要积极激发青少年对体质健康的责任感，提升他们的认知与自控能力。

青少年也应该认识到自身的不足，培养良好的生活与卫生习惯，增强自身获取健康知识的意识，消除各种危险因素，对自身的生活与学习环境予以改变，提升自身的体质健康水平。

（二）激发体质健康测试的动机

动机是态度的不断升华，是一种隐性的心理倾向。如果青少年能够基于已有的认知，形成促进体质健康的动机，那么就会主动参与体育锻炼。

因此，要不断激发青少年体质健康测试的动机，为青少年提供体育锻炼的行动力，使他们基于自身已有的认知，形成清晰的意识倾向，促进他们在体育活动中坚持得更长久，实现青少年体质健康政策规定的目标。

（三）加强体育锻炼

1. 坚持晨练

在校期间，学校通常会将早晨的时间安排为学生的体育活动时间，每位学生都应该积极参加晨练。坚持晨练,有利于学生对自己的作息制度进行合理安排与保持,从而提升自身的意志品质,养成良好的锻炼习惯与卫生习惯。

一般情况下,晨练的内容主要有早操、跑步、太极等,这些运动强度小,也非常简单,学生可以根据自身的身体情况安排自己的训练内容,并非一定要按照学校的要求进行晨练。在晨练时,学生可以自己一个人练习,也可以和其他人一起。

2. 积极参加课间活动

学生利用课余时间参与的体育活动就是课间活动。在课间,学生进行的体育活动往往是个人练习活动,主要有踢毽子、跳绳、散步等。学生在参与课间活动时,尽量少选择那些运动负荷大的运动。

学生参加课间活动主要是为了休息,缓解自身的压力,调节自己的身心,提高课堂学习效率。

3. 拓展课外体育活动

当一天的课程结束之后,学生在课外进行的体育活动就是课外体育活动。学生每周至少要有两次机会参与课外体育活动,活动内容也应该丰富多彩,他们可以参加各种俱乐部或者体育组织,从而不断提升自身的运动能力。

(四)建立合理的作息制度

学生要科学地安排自己的作息时间,并严格按照制定的计划执行。作息制度合理能够保证学生劳逸结合,满足学生生活与生理的需要。

作息规律合理也有助于学生的健康发展,能够促进他们自身抵抗力的提升,减少身心的疲劳与疾病。因此,学生要按照科学的规律执行,提升自身的学习能力与效率。

第二章　青少年体质健康与大健康观

青少年体质健康问题已经成为现代社会普遍关注的热点问题,这主要是因为我国青少年体质健康水平逐年下降,令人担忧。对青少年体质健康的基本概念等知识进行了解,对于我们研究青少年体质健康问题,提高青少年体质健康水平具有重要的意义。同时,在"健康中国"这一伟大战略背景下,"健康梦"被赋予新的内涵和要求,大健康的概念深入人心。本章就对青少年体质健康问题进行详细介绍,涉及体质与健康的概念、青少年体质健康现状调查等,此外重点对大健康的提出及大健康观的含义与重要意义进行探讨。

第一节　体质与健康的概念

一、体质的概念

体质是人体的质量,是基于遗传性和获得性而表现出来的人体形态结构、生理功能和心理因素综合的、相对稳定的特征。[①]

从体质的概念中能够看到,在体质的形成中遗传因素占有重要地位,人的体质在遗传基础上拥有了发展的可能性。此外,环境对人类的生存、发展和变化也有重要影响。

(一)体质的内涵

体质的内涵具体体现在以下几个方面。

(1)人是一个有机整体,各组成因素之间相互协调、相互统一。人的各种能力的统一在体质上综合表现出来。人们学习、工作、生活都需要以健康的体质作为基础。社会和经济的发展潜能一定程度上取决于人类的体质水平。

---

① 毛亚杰.大学生健康教育[M].北京:北京理工大学出版社,2014.

（2）遗传因素在对人的体质产生作用的同时，后天因素也对人体的塑造产生了重要影响。民族、性别、年龄不同的人的体质发展形式不完全相同，有其自身的特性，但也存在一些共性与规律。

（3）人的身体与心理在变化与发展过程中存在着非常密切的联系，这也从本质上体现了人与动物的区别。

（4）人的体格发育水平、生理功能强弱主要从身体素质、运动能力等外在方面体现出来，促进体格发育、改善生理功能可通过科学合理的锻炼实现。

（5）在人的体质状况评价中应综合考虑各方面的因素。

（6）体质的概念及范畴将随着社会的发展、科研的进步及人们思维方式的变化而日臻完善。不同时期的体质概念都是对当时现实的抽象概括，任何一个时期提出的体质概念都不能代表人类对其认识的终结，真理是没有穷尽的。随着人们认识水平的提高，体质的内涵将越来越丰富、完善。

（7）体质研究系统而复杂，这个过程是没有尽头的，涉及的研究领域纵横交错，紧密联系。所以，体质研究呈现出"跨越"性趋势和综合性趋势，具体表现为跨区域、跨学科及跨专业。有时也有必要从某一学科和领域着手进行深入研究，以弄清某些课题，但在研究中要与其他科学联系起来，将其他领域的研究成果借鉴过来，提高研究效率。

（二）体质的结构

体质的含义具有综合性，是一个由多要素组成的综合系统。体质的构成要素也是分层级的，如一级要素包括体格、机能、体能、适应能力以及精神状态，二级要素是基于一级要素来划分的，完整的结构如图 2-1 所示。

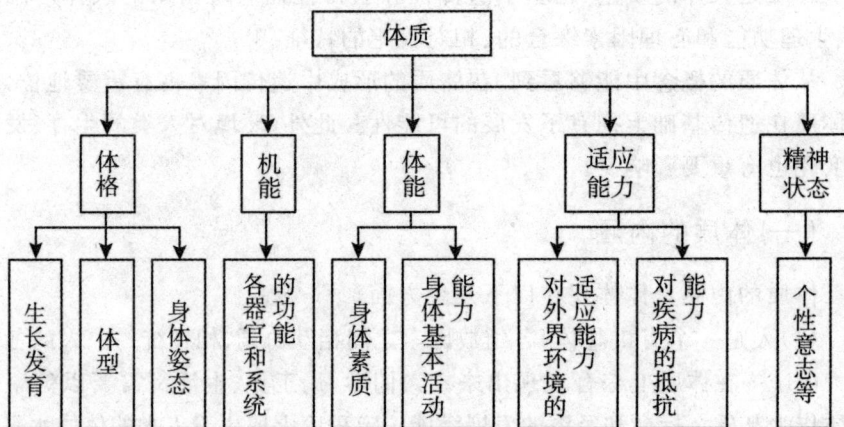

图 2-1

（资料来源：刘志敏等，2014）

(三)理想体质

所有个体体质的形成与发展都会表现出明显的阶段性特征,而且不同个体的体质发展与变化会有一定的差异。人的体质水平是不断变化的,可能在这一阶段是健康的,身心均达到最佳功能状态,但到了另一阶段就会进入疾病状态,功能障碍突出。在人的不同状态中,体质功能表现出来的较高水平就是理想体质。具体而言,理想体质是指个体在遗传基础上,通过改善物质生活条件、进行科学锻炼等途径而达到的全面良好状态。

不同年龄、性别、职业的人的理想体质有不同的特征。因此,对理想体质的评价要全面考虑这些因素,构建完善的指标体系,进行全面的、综合的评价。具体来说,理想体质的标志如表 2-1 所示。

表 2-1　理想体质的表现

整体状况	身体健康,主要脏器无疾病。
身体形态	身体形态发育良好,体格健壮,体形匀称。
身体系统	呼吸系统、心血管系统和运动系统具有良好的生理机能。
心理发育	心理发育健全,情绪乐观,意志坚定,有较强的抗干扰、抗刺激的能力。
各方面能力	有较强的运动能力和劳动工作能力,并且对自然和社会环境有较强的适应能力。

(资料来源:刘星亮,2010)

二、健康的概念

(一)健康的内涵

关于健康,世界卫生组织(WHO,1948)给出的定义是:"健康乃是一种在身体上、精神上的完满状态以及良好的适应能力,而不仅仅是没有疾病和衰弱的状态。"[1]1989 年,世界卫生组织对健康再度进行了界定,除包括旧定义中的躯体健康、心理健康和社会适应良好,又加入了文明社会中越发注重的道德健康。这一新的、更全面的健康概念被称为"四维健康观念",即身体健康、心理健康、道德健康、社会适应良好。其中,心理健康有三个方面的标志。

---

[1]　谭思洁,王健,郭玉兰.青少年运动健康促进导论[M].北京:知识产权出版社,2012.

第一，人格完整，自尊、自爱、自信；情绪稳定，积极情绪多于消极情绪，有较好的自控能力。

第二，在自己所处的环境中有充分的安全感，能保持正常的人际关系，能得到他人的信任。

第三，对未来有明确的生活目标，能切合实际地不断进取，有理想、有追求等。

此后，美利坚大学的国家健康中心又提出了一个与之类似的健康定义，即健康是人对环境适应后所达到的一种生命质量，个体只有在身体、情绪、智力、精神和社会各方面达到完美状态才称得上真正的健康，这种健康观又称为"健康五要素"，即身体健康、情绪健康、智力健康、精神健康、社会健康。这种观念将人们对健康的认识提高到一个崭新的高度，为世界普遍接受。

总体而言，健康的人应具有正常的生理和心理反应，有强壮的体格、充沛的精力、敏捷的思维，能够抵抗一般疾病和意外事故，能轻松坦然地享受生活乐趣，从容地处理人际关系，自觉恪守社会道德规范。

(二)健康的基本标志

1. 10条健康标准

为了帮助人们更好地理解健康的具体内涵，世界卫生组织提出了更为具体的评价健康的标准，包括以下10条。

第一，精力充沛，能从容不迫地应付日常生活和工作的压力而不感到过分紧张。

第二，能抵抗一般性感冒和传染病。

第三，体重得当，身材匀称，站立时头、肩、臂位置协调。

第四，善于休息，睡眠良好。

第五，眼睛明亮，反应敏捷，眼睑不发炎。

第六，头发有光泽，无头屑。

第七，牙齿清洁，无空洞，无痛感；齿龈颜色正常，不出血。

第八，肌肉、皮肤富有弹性，走路轻松有力。

第九，处事乐观、态度积极，乐于承担责任，事无巨细不挑剔。

第十，应变能力强，能适应外界环境的各种变化。

2. "五快""三良"

近年来，世界卫生组织提出用"五快"来衡量躯体的健康状况，用"三良"来衡量心理的健康状况。

具体来说，"五快"包括以下几个方面。

(1)食得快，指胃口好、有食欲、不挑食、不偏食，能顺利吃完一餐饭，没有难以下咽的感觉，饭后感到饱足和满足，这反映出口腔和胃的功能良好。

(2)便得快，指有便意时能很快地排泄大小便。便中和便后轻松自如，没有疲劳感，这说明肠道功能良好。

(3)说得快，指说话流利，语言表达准确，说话内容合乎逻辑，这反映出人的头脑清醒、思维敏捷、精力充足。而精神疲劳或受疾病困扰的人往往有反应迟钝、词不达意等现象。

(4)睡得快，指晚间有自然睡意，入睡迅速，睡得较深，睡眠质量好；醒后头脑清醒、精神饱满，这说明中枢神经系统兴奋、抑制功能协调，并且内脏无病理信息干扰。相反，如果不能很快入睡，睡眠时间短，多梦易醒等，或睡得时间过多，睡后仍感觉乏力不爽，那么就是不健康的表现。

(5)走得快，指步伐轻快、行动自如、身体协调、反应敏捷，这表明躯体和四肢运动器官状况良好，精力充沛旺盛。身体疲劳或衰弱往往从下肢开始，在心理状况欠佳、精神抑郁时下肢常有沉重感，表现为步履沉重、反应欠灵活、行动不协调等。

"三良"包括良好的个性、良好的处世能力、良好的人际关系。

(1)良好的个性指性格温和，言行举止能够被别人认可和接受，并且能够在各种环境中充分发挥自己的个性，意志坚强，胸襟坦荡，有丰富的情感，心境乐观，热爱生活，不会有经常性的压抑感。

(2)良好的处世能力指观察问题客观，有良好的自我控制能力，与人交往的行为方式能被大多数人所接受，能应付复杂环境，对事物的变迁保持稳定而良好的情绪，有知足感。

(3)良好的人际关系指待人宽厚，有与他人交往的愿望，珍惜友情，尊重他人，待人接物大度和善，不吹毛求疵和过分计较，能助人为乐，与人为善。

3. 全适能

全适能指心肺功能、身体形态、身体成分、肌肉力量与耐力、柔韧性以及生活和劳动所需要的技能、功能等都能达到良好的标准。具体包括以下几个方面。

(1)身体方面，个体应通过合理饮食，进行有规律的锻炼，避免不良习惯和嗜好，参加能够预防疾病的活动，在需要的时候寻求医疗保健方面的帮助，用广博的知识和高度的责任感来维护一个健康的体格。

(2)情绪方面，能够妥善处理日常生活中出现的问题。

(3)智力方面，乐于寻求新的经验和体会，勇于接受新的挑战。

（4）精神方面，能够合理平衡自身需求和外界需求的矛盾，与他人和谐相处。

（5）职业方面，无论身处何种职业，都应具备批判性的思维、解决问题的能力及与他人交流和沟通的能力。

（6）社会方面，个体应具有顺利实现社会角色的能力，同时不会对他人造成伤害。

第二节　体质与健康的关系

现今社会，加强体质学科基础理论研究以及体质与健康关系的研究具有新的时代意义。下面具体介绍几种有关体质与健康之间关系的观点，如表 2-2 所示。

表 2-2　有关体质与健康关系的各种观点

代表观点	观点阐述
传统健康观	传统健康观认为，体质健康就是没有疾病。这种观点过于片面，并且犯了"非此即彼"的错误，忽视了"亚健康状态"或"第三状态"。
平衡健康观	平衡健康观认为，人的健康是一种动态平衡。人的健康包括许多平衡，如机体与生态环境的平衡、体液平衡、血浆渗透压平衡、血压调节平衡、营养平衡、代谢平衡和动作平衡等，这些平衡是动态的、发展变化的，如果某一种平衡被破坏，则产生疾病。
共存健康观	共存健康观认为，健康与疾病是共存于人体中的，生病的人体也包含有健康成分，而健康的人体也包含疾病的因素。绝对的健康是不存在的，而绝对的疾病就是死亡。事实上，人的健康状态大多是处于健康与疾病之间的一个动态过程。
三维健康观	三维健康观是一种积极的健康观，由世界卫生组织于 1948 年首先提出，《WHO 宪章》中给健康下了明确的定义："健康不仅是免于疾病和衰弱，而是保持体格方面、精神方面和社会方面的完美状态。"世界卫生组织在 1978 年 9 月召开的国际初级卫生保健大会上通过的《阿拉木图宣言》中又重申了健康的含义，指出"健康不仅仅是没有疾病或病痛，而且包括身体、心理和社会方面的完好状态"。

（资料来源：李建臣、任保国，2014）

第三节　青少年体质健康现状调查

"少年强，则国强"，青少年体质健康的好坏，不仅关系着青少年自身的健康成长，而且与家庭的幸福生活，甚至国家未来的发展也有密切的关系，因此国家非常重视青少年体质健康问题。深入调查与分析我国青少年体质健康状况，找出主要问题，探索影响因素，能够为我国制定与实施促进青少年体质健康的策略提供客观依据与现实基础，从而通过有针对性的积极干预改善青少年体质，提高青少年体质健康水平，促进青少年健康成长与全面发展。

一、青少年身体发展特征

(一)少年期

1. 身体形态

(1)身高。少年时期，人的身高增长迅速，每年大约增长 6～8 厘米，有的每年甚至会增长 10 厘米。

(2)体重。体重随身高的增长也会显著增加，每年大约以 5～6 千克的幅度增加。少年体重的增长主要表现为骨骼、肌肉的发育。骨骼的生长主要在长度、形式、比例和构造等方面体现出来，随着骨骼的变化，肌肉发育变化也渐渐明显，大肌肉群比小肌肉群先增长，肌肉力量、耐力都有所增加。

2. 身体机能

(1)心脏。心脏的发育表现为心脏容积快速扩展，可达 140 毫升，心脏收缩力的提高也非常明显。

(2)肺。在人体发育的整个过程中，肺的发育会出现两次飞跃，出生后3 个月出现第一个飞跃，12 岁左右出现第二个飞跃，可见肺并不是匀速发展的。

随着身体的发育，肺泡容积、容量逐渐增加，肺活量也相应增加，到青春期末已与成人肺活量水平接近。

(3)肌肉。青春发育期的青少年肌肉发育迅速，力量也相应地增加。随着年龄的增加,肌肉重量在体重中所占的比例不断提升。在身高增长较快的时期,肌肉的发展变化主要表现在长度上,在体重增长较快的时期,肌肉的发展变化主要表现为肌纤维的增粗。

男孩 13—15 岁、女孩 11—13 岁时,肌肉长度的增加最为明显,这与这一时期男女身高迅速增长有关。十六七岁以后男女肌纤维增粗,肌肉越来越结实,而长度增加缓慢,这与这一时期男女身高增长速度减缓有关。随着肌肉的不断发育,运动能力也发展起来。

3. 神经系统

(1)大脑形态。青少年在 12—14 岁时脑重已达 1 400 克。12 岁时脑容积与成人基本一样。这说明人在青春期时就基本完成了脑的形态发育,这能够为青春期之后心理活动的发展打好基础。

(2)神经系统结构。神经系统结构完整和成熟的标志是大脑皮层神经细胞的髓鞘化,这在 6—7 岁的儿童时期就已经接近完成,但要到 14—15 岁才会完全结束。这是神经通道畅通的基本保障,可促进兴奋的传导速度的加快。另外,大脑皮层各区域也慢慢成熟起来,额叶的发展尤其明显。这是人体大脑结构和大脑机能发展过程基本结束的重要标志。

(3)神经系统机能。少年期大脑神经机能的兴奋性高,兴奋与抑制之间能较快转化,青春期末期,兴奋与抑制过程慢慢向平衡状态转化。

4. 性发育

性发育趋向成熟是个体生理发育成熟的表现,是个体向成人过渡过程中表现出来的质的飞跃,具体表现为"第二性征"开始出现,女孩月经初潮在 14 岁左右出现,16 岁左右的男孩出现遗精现象。

(二)青年初、中期

1. 身体发育

青年初期,个体身体发育基本完成,但没有完全成熟,发育特征表现如下。

(1)经过第二生长高峰后,青年初期的身高、体重已与成人平均水平接近,骨骼基本上都已骨化,所以承重能力得到了增强。

(2)心脏容积增大,收缩力增强,但动脉血管的发育与心脏相比相对落后,所以高血压现象会在短期内出现,但很快会变得正常。

(3)肌肉发育速度加快,以横向发育为主,肌肉力量、耐力都不断提高。

(4)男孩胸、骨不断扩大,女孩盆骨不断增大,男女身体形态差异越来越明显。

(5)男、女胸廓都明显扩大,肺活量相应增加,与成人平均水平接近。

2. 神经系统

青年初期,个体的神经系统基本发育完全,大脑神经系统结构和大脑神经机能与成人水平接近,兴奋和抑制趋于平衡,第二信号系统所起的调节作用越来越明显。

3. 性机能

青年初期,个体的性机能发育成熟,如生殖器官与成人接近,第二性征进一步发展,男女生有了明显的两性意识。

二、青少年心理发展特征

(一)情绪与情感

1. 内向与外向并存

儿童不会掩盖自己的感情,他们会随着自己的心情而哭、笑,从其脸上就能看到情感的变化。青少年则不同,他们的情绪转化相对比较慢,从儿童时期注重对外部世界的认识慢慢向注重对内部世界的认识转变。青少年不愿意明显表露自己真实的感情和内心的秘密,和之前相比,他们开始将自己的情绪或情感掩盖起来。要表达感情时,会受主观体验及其意识到的客观需求的制约。

青少年的情绪情感还具有一定的表现性,喜欢在教师和学生面前表现自己,有时候会有两面性。

2. 冲动与稳定并存

幼年时,情绪情感有很强的冲动性,成年人的情绪情感则具有很强的稳定性。青少年处在冲动性与稳定性的过渡时期。处于青春期的青少年,神经兴奋性增强,所以还不具备很强的能力来对自己的情绪与行为进行控制,有时表现出一定的冲动性。但他们能够比较客观地了解外界事物和人际交往,能够认识到自己的价值,因此他们的情绪和儿童时期相比较为稳定。

3. 自尊与自卑并存

处于努力确定成年型自我时期的青少年有很强的自尊心,他们希望别人对自己的情绪能够给予尊重,而且这种需求特别强烈,这是因为他们想要对自己即将形成的成年人形象进行维护,希望自己的成年地位与价值能够得到他人或社会的承认。但青少年往往会因为自信过头而自负,对自己的能力过分高估,眼高手低。有时追求的目标是自己能力之外的,而达不到目标时又会情绪低落,经过几次失败后就会失去自信,出现自卑心理,甚至造成心理挫伤。青少年的情绪多在自信与自卑之间摇摆不定。

青少年自尊心很强,但这种情感有时候过于激烈,这容易影响其与同学的关系与友谊,无法做到坦诚相见。反之,若自尊心弱,出现心理障碍与心理健康问题,又容易做出对人格和民族尊严有损害的不良行为。

4. 强烈的友谊感

在青少年的学习和生活中,友谊感的地位非常重要,他们希望获得朋友的鼓励与帮助。信念统一、坦诚相见的青少年容易建立深厚的友谊,这对其终身有益。青少年和朋友说的话有时是不愿告知父母、教师的话,朋友的鼓励非常重要,朋友的人生观、生活学习习惯会对每个青少年产生重要影响,所以说朋友在青少年生活中扮演的角色与发挥的作用是教师、家长无法取代的。

但也有一部分青少年存在交友不慎的问题,结伙倾向明显,以"哥们儿义气"为由而做出一些没有原则的事情,对此必须严格教育,使他们树立正确的友谊观。

5. 情绪易弥散

青少年的情绪易弥散,这与环境气氛的影响有关。例如,有的青少年会因为在某次比赛中获了奖而高兴几天,这几天他觉得周围的事物都是让人赏心悦目的;反之遇到不顺心的事就感觉周围的事物都很碍眼。有的女生容易受到情绪感染而跟着伤心落泪的人一起哭。良性情绪的弥散具有积极作用,不良情绪的扩散则会带来不良影响。

6. 性情感萌发,美感发展

处于青春期的青少年渐渐萌发了性情感,而且这种情感不断增强,具体表现为异性相互爱慕。这一阶段的青少年会在异性朋友或"意中人"前表现自己,希望可以做好每件事,从而获得异性的赞美与倾慕。

由于青少年的心理尚且不成熟,性情感相对较为肤浅,多变化,所以要对其进行情感教育和适当的引导,避免其凭感情做事,做出轻率举动,同时要注意青少年的早恋问题,要多加引导与教育。

(二)自我意识

1. 自我评价能力提高

青少年逐渐可以客观全面地认识与评价自己,可以对自己的思想和心理状态进行分析,深入了解自己的性格和意志。但自我分析与评价中带有的主观性、片面性成分仍不少,他们一般只认识到了自己的优点,觉得自己很厉害;而一旦认识到自己的不足,就会产生自卑心理,这是两个极端的转化,说明他们还不具备较为稳定的自我评价能力。

对于青少年的这一心理特征,家长和教师要进行全面评价,肯定其优点,用恰当的方式指出其缺点,引导他们进行自我教育,改正缺陷。青少年自己也要善于倾听别人对自己的评价,从而对自己有更准确的认识。

2. 寻求独立

随着青少年智力的发展、知识经验的丰富,其社交范围也逐渐扩大,并且自我意识的变化也非常显著。逐步形成"成年意识"是自我意识变化的最主要的表现,他们希望教师、家长能够将其看作正式成员,尊重他们的独立追求。

有些孩子在少年末期、青年初期的形体发育接近甚至超过成人,所以他们喜欢以大人自居,显露出成年感,突出表现在交友、业余爱好、选择专业等方面。对此,教师、家长对青少年的态度要区别于对儿童的态度,要给予他们特殊的关心,并采用劝导的方式来教育他们,而不能一味以指令形式要求他们。

(三)个性心理特点

1. 理智特征

青少年在不同阶段会表现出不同的理智特征。例如,高中生随着身心的成熟,理智感显著增强,不像初中时期那样表现得鲁莽、急躁,有较强的主动观察能力,处理问题时也不会太片面或有过激表现,能够比较慎重、认真地做事。

青少年的理智特征也存在个体差异,突出表现在性格方面,如思维的独立与依附、感知的粗略与精确、想象的狭窄与广阔、记忆的直观与抽象等。

2. 对现实的态度

青少年的性格气质特征可反映在其对待社会、集体以及他人的态度上，如为人正直或虚伪、细心或粗心、严格要求自己或放任自由、学习努力或懒散等。

个性心理特征往往是在具体行为中表现出来的。青少年对他人的态度、对自己的态度等都能够从其对现实的态度中反映出来。

3. 个性的倾向性

(1)兴趣广泛。兴趣在青少年成长中具有重要意义。青少年兴趣广泛，但有时候兴趣的指向不当，会带来不良后果，如有些青少年由于对网络游戏、武侠小说等过于沉迷，因此对课堂学习的兴趣减弱，导致学习成绩下降。

青少年兴趣的变化特点主要表现为从不稳定到稳定，从窄到广，再从广到指向明显，逐步形成中心兴趣。家长与教师要培养青少年学生健康积极的兴趣爱好，引导其改正由不良兴趣引起的不健康行为。

(2)人生观初步形成。青少年开始对人生的意义、自己的发展方向、生活目标进行思考，逐渐形成自己的人生观。确立正确的人生观，能够促进学生努力学习和发展个性，学校要在这一方面加强教育与引导。

(3)对未来充满理想。青少年的心理发展逐渐走向成熟，主要标志之一是其对未来充满憧憬与希望。青少年努力学习正是因为对现状不满，对美好未来无限向往，这是青少年奋发图强的动力。

青少年的理想并不稳定，多变化，对此学校要加强教育，以免学生好高骛远，急于求成。

(四)心理发展的性别差异

青少年的心理发展存在男女性别差异，具体表现如下。

1. 智力差别

青少年男女的智力在总体水平上是平衡的，但从智力特优和特愚方面来看，男生数量比女生多，女生大都趋于中间水平。

在感知觉能力方面，男生视觉能力、空间知觉能力更强一些；女生的听觉能力、对颜色的视觉能力比男生强，并且触觉和痛觉更为敏感。

在思维能力方面，男生偏逻辑思维，女生偏形象思维，但逻辑思维和形象思维不可能绝对孤立存在。性别差异只是说男生与女生对其中一种思维类型有偏向。

在记忆能力方面,男生有较强的理解能力和抽象记忆能力,喜欢在理解知识的基础上寻求适合自己的记忆方式;女生则习惯以自己较强的机械记忆能力"死记硬背"学习内容。

2. 情感、意志差异

在情感方面,男生较粗犷、热烈、奔放,女生较温柔、敏感、细腻,这在人际交往中主要表现为男性外露、女性含蓄。

在意志方面,女生有较强的耐心、韧性、容忍性及自制力,但抗击打能力、探索能力和解决问题的能力相对不及男生。

在个性方面,同一气质类型或性格类型的男生与女生相比而言,男生的动作强度比女生强。

以上所列出的青少年心理发展的性别差异只是基于理论研究和实践总结的普遍性规律,强弱都是相对而言的,不是绝对的。

三、青少年体质状况调查

为了了解我国青少年的体质健康状况,根据调查需要,随机抽取小学、初中、高中共 360 名学生(无疾病)作为研究对象,调查内容与结果分析如下。

(一)身高调查

青少年的骨骼发育情况及纵向发育水平主要通过身高体现出来,因此应将身高作为青少年体质调查的一项主要内容。

调查结果分析如下。

(1)随着年龄的增长,青少年学生的身高也呈递增发展趋势。

(2)调查对象的身高与标准身高相比高一些,突出表现在 16—18 岁这个年龄段。

(3)男生身高增长最快的阶段是在 7—15 岁,女生是在 7—14 岁,男生在 16—18 岁、女生在 15—18 岁这个阶段,身高增长速度较之前减慢。

总体而言,青少年的身高增长良好,这与生活水平的提高、营养的充分补给及社会、学校、家庭对青少年生长发育的重视等都是分不开的。

(二)体重调查

青少年的营养健康状况能够通过体重这一基本的身体形态指标体现出来,如果青少年体重过重,便有出现肥胖症的危险,而许多心血管疾病都有可能由过度肥胖而引起;如果青少年体重过轻,则可能是营养不良所致,这同样可能引发白血病等疾病,危害健康。

调查结果分析如下。

(1)随着青少年年龄的增长,其体重的变化整体上呈现上升趋势,而且调查对象的体重与我国同年龄段青少年的标准体重相比,普遍较高。

(2)男生体重增长比较快的阶段是在7—15岁,女生是在7—14岁,但与同年龄段男生的体重增长情况相比,速度较慢。男生在16—18岁、女生在15—18岁这个年龄段,体重的增长速度趋缓,变得相对稳定。

随着现代生活质量的改善,青少年的营养膳食变得越来越丰富,层出不穷的"三高"食品深受青少年的青睐,再加上课业负担繁重,没时间锻炼,而且交通工具越来越普遍,青少年对代步工具过分依赖等,这些都造成了青少年较高的超重率和肥胖率的现象。

青少年女生随着年龄的增长对自己的外貌和体型越来越在意,她们会想方设法减肥,控制体重,节食、运动等是他们经常采取的减肥手段,因此女生体重的增长较男生慢,这在16岁之后表现得更明显。

(三)身体机能调查

测量青少年的肺活量可以了解其身体机能。肺活量指的是肺一次最大的活动量,也就是用最大的力吸气后再以最大力呼出的气体量。通过该机能指标,人们可以对青少年的生长发育水平有一定的了解。《国家学生体质健康标准》指出,在青少年学生体质测试中,肺活量是一项必测项目。

调查结果分析如下。

(1)随着年龄的增加,青少年的肺活量也在不断上升,并且调查对象的肺活量与全国同年龄段青少年的肺活量标准值相比明显较高。

(2)与女生相比,男生无论是肺活量值,还是肺活量增长速度,都比较高。

(3)男生肺活量迅速增长的阶段是在7—13岁,女生是在7—12岁,男生在14—18岁、女生在13—18岁这个阶段,肺活量的增长速度趋缓。

总体来看,青少年学生的肺活量有了一些好转,改变了连续多年下降的局面。

(四)身体素质调查

1. 力量素质

在力量素质测试中,针对7—12岁、13—18岁这两个不同年龄段的青少年分别安排的是1分钟跳绳测试项目和立定跳远测试项目。调查结果见表2-3和表2-4。

表 2-3　7—12 岁青少年 1 分钟跳绳测试结果①

年龄	男生跳绳数（次）	女生跳绳数（次）
7 岁	17	17
8 岁	25	27
9 岁	38	39
10 岁	49	49
11 岁	57	58
12 岁	67	66

表 2-4　13—18 岁青少年立定跳远测试结果②

年龄	男生跳远距离（厘米）	女生跳远距离（厘米）
13 岁	155	140
14 岁	170	144
15 岁	185	146
16 岁	195	148
17 岁	200	149
18 岁	205	150

调查结果分析如下。

（1）随着年龄的增长，青少年的力量也在不断增加，男生的力量比女生大，并且力量素质的性别差异随着男女生年龄的增长而越来越明显，在 7—12 岁这个阶段差异不明显，13 岁之后差异明显。

（2）男生在 13 岁以后力量增长幅度不断提高，而女生力量增长基本平稳。

2. 速度素质

在青少年速度素质测试中，一般采用 50 米跑作为测试指标。测试结果分析如下。

（1）随着年龄的增长，青少年的速度逐渐加快，并且青少年男生的速度明显比女生快。

---

① 徐静. 池州市青少年体质现状及提升的路径研究[D]. 武汉:武汉体育学院,2016.
② 同上.

(2)青少年男生速度快速提高的阶段是在7—16岁,女生是在7—13岁,男生在16岁以后,女生在14岁以后,速度素质的上升速度趋缓,逐渐变得稳定。

总体而言,青少年学生的速度素质水平较高,但测试中成绩不达标的学生也有不少,学校、家庭要特别注意对这些学生的健康管理,督促其锻炼,学生也要自觉通过锻炼、补充营养等方法来改善自己的体质情况。

3.柔韧素质

通过坐位体前屈测试可了解青少年学生的柔韧素质。测试结果分析如下。

(1)青少年女生的柔韧素质与男生相比较好一些。

(2)在7—13岁这个阶段,不管是男生还是女生,随着年龄的增长,柔韧素质都呈下降趋势,但女生的下降速度明显比男生慢。

(3)女生在13岁以后柔韧素质稳步提升,男生在13岁以后柔韧素质也呈现上升趋势。

女生随着年龄的增加,越来越在意自己的形体,在这方面的要求也不断提高,而男生对力量和速度更注重,所以忽视了柔韧素质。对此,学校体育教学要加强对青少年学生柔韧素质的培养,促进学生身体素质的均衡发展。

4.耐力素质

青少年的耐力素质有性别和年龄差异,因此在测试中要针对不同年龄段与不同性别的青少年采用不同的测试指标。一般对于7—12岁的青少年男女生,统一选用50米×8折返跑进行耐力测试;对于13—18岁的青少年男生,选用1 000米跑来测试其耐力素质,女生则采用800米跑进行测试。测试结果分别见表2-5和表2-6。

表2-5　7—12岁青少年50米×8折返跑测试结果①

年龄	男生用时	女生用时
7 岁	1′46″	1′58″
8 岁	1′42″	1′56″
9 岁	1′40″	1′53″
10 岁	1′39″	1′44″
11 岁	1′37″	1′41″
12 岁	1′34″	1′37″

---

① 徐静.池州市青少年体质现状及提升的路径研究[D].武汉:武汉体育学院,2016.

表 2-6　13—18 岁青少年 1 000 米（男）、800 米（女）测试结果①

年龄	1 000 米跑用时（男）	800 米跑用时（女）
13 岁	4′18″	3′50″
14 岁	4′08″	3′45″
15 岁	3′58″	3′43″
16 岁	3′56″	3′41″
17 岁	3′54″	3′39″
18 岁	3′52″	3′35″

由测试结果可知，7—12 岁年龄段的青少年学生，随着年龄的增加，其折返跑的成绩也越来越好；13—18 岁年龄段的青少年学生，随着年龄的增加，长跑成绩也在提升，但是成绩上升幅度逐渐减慢。学生认为长跑锻炼枯燥乏味是导致这一现象出现的最为直接的原因，部分学生随着生活水平的提高而出现营养过剩的问题，这是造成这一现象的间接原因。

为提高学生锻炼的积极性和健康水平，学校应该科学安排丰富多彩的、具有趣味性的体育教学内容，同时家长对学生的膳食营养也要合理安排，共同促进青少年健康成长。

四、青少年体质亚健康问题

（一）亚健康的概念

亚健康是指机体在内外环境的不良刺激下心理、生理发生的异常变化，但尚未达到明显病理性反应的程度。亚健康状态既不同于健康，也不同于疾病，是介于二者之间的一种状态，又叫"第三状态"。

（二）亚健康的征兆

亚健康的征兆主要表现如下。
（1）思想涣散，注意力不集中。
（2）头脑不清爽。
（3）易疲倦。
（4）眼疲劳。

---

① 徐静. 池州市青少年体质现状及提升的路径研究［D］. 武汉:武汉体育学院,2016.

（5）易晕车。

（6）食欲下降。

（7）失眠或嗜睡。

（8）健忘。

（9）烦躁不安。

（10）免疫功能下降。

（三）亚健康的防治

亚健康对青少年的生活与学习造成了严重的困扰，必须提前预防，及时治疗，常见防治方法如下。

1．加强预防保健

（1）培养青少年正确的保健观念和健康意识。

（2）让青少年学生劳逸结合，学习之余加强锻炼。

（3）向青少年普及健康知识，使其了解健康常识。

2．进行健康教育指导

（1）让青少年了解亚健康的成因、症状与危害，提高其主动寻求治疗并积极配合的意识。

（2）减轻青少年学生的课业负担，使其思想顾虑、心理压力得到缓解。

（3）从心理、社会因素等方面治疗青少年亚健康。

3．生物医学治疗

亚健康与疾病不是同一个概念，所以传统的疾病治疗手段不适用于亚健康的治疗。在青少年亚健康干预中，必须对症下药，具体应注意以下几点。

（1）将生物医学治疗手段与健康教育方法相结合。

（2）倾听青少年患者的心里话，让其适当宣泄不良情绪，释放压力。

（3）解除青少年患者的顾虑，稳定其情绪，帮助其树立信心，引导其配合治疗。

（4）对青少年治疗对象定期进行跟踪随访，收集治疗效果的反馈信息，及时调整治疗方案，避免复发。

五、影响青少年体质健康的因素分析

影响青少年体质健康的主要因素可归纳为如下几方面。

(一)环境因素

1. 自然环境

自然环境中,与人类同在一个星球生存的微生物有 10 余万种,植物有 30 多万种,自然界的生态平衡就是靠人类与这些微生物、植物共同维持的。人类为了生存,会从自然界中开发资源,这就加速了城市化、工业化进程,也造成了严重的环境污染问题。调查表明,全世界癌症、呼吸系统疾病、循环系统疾病等与环境污染有关的疾病的发生率在不断上升,我国同样如此。现代社会中,青少年所食用的粮食、水果、蔬菜等都可能会不同程度地受到污染,再加上越来越普及的家用电器、计算机等,导致青少年遭受的电磁辐射越来越多。此外,雷电、暴风、地震、冰雹、海啸等自然灾害也对包括青少年在内的所有人类的健康与安全构成了严重的威胁。

人类在长期的生存与发展中,尽管对环境的适应性越来越强,并且免疫机制、创伤愈合机制等自我保护机制也逐渐形成,但面临对健康有害的各种自然环境因素,有时候也是防不胜防。对此,在青少年健康教育中,必须充分重视对青少年抵抗疾病、适应自然环境的能力的培养。

2. 社会环境

影响人类健康的社会因素主要包括人口、社会文明及社会环境三类,如图 2-2 所示。

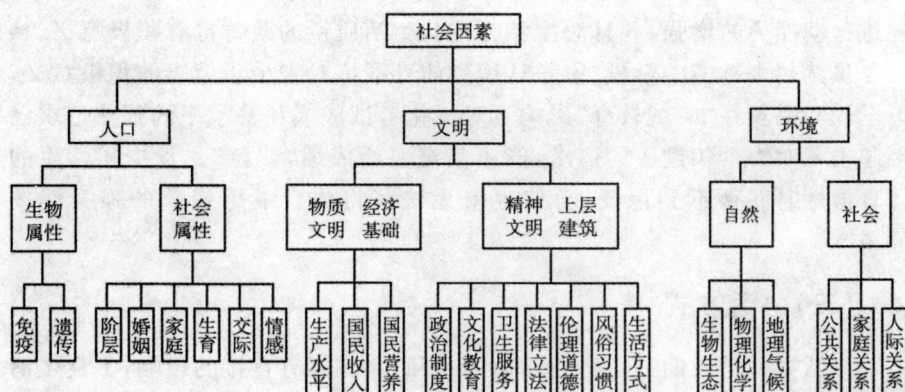

图 2-2

(资料来源:冯晓玲,2012)

现代社会文明程度越来越高,人们的生活条件与质量也越来越好,医学的进步更是解决了人们被疾病困扰的烦恼,从这些方面来看,现代人要健康长寿已经具备了一定的条件。但实际上,人们预期的健康和长寿还未真正实现,因为物质条件虽然高度发达,但其在带给现代人便利的同时,也伴随着一些有害健康的因素。例如,很多人终日伏案,这一生活习惯成为人们身形肥胖、佝偻的主要原因,长期缺乏身体活动对人们的视听觉、力量等都会带来不利影响,从而使健康与长寿的心愿落空。

社会环境因素直接影响青少年的生活行为模式,如便捷、高效的互联网信息互动对青少年的生活方式有明显的影响,大量青少年开始沉迷于上网,导致坐姿潜在威胁体质健康,而网络成瘾又对青少年的心理健康有严重危害。

全国青少年学生体质监测结果表明,我国青少年学生的肺活量、身体素质水平呈逐年下降趋势,存在较高的肥胖率和视力不良率。这些健康问题与社会环境有直接的关系,青少年多静态行为,缺乏体力活动,并且膳食结构缺乏合理性,所以力量不足,心肺功能差,出现超重或肥胖。睡眠不足、姿势不良也对青少年的健康造成了困扰。繁重的学习压力又导致一些青少年出现了不良的心理问题。

(二)体育运动

随着现代人生活方式和劳动方式的不断改变,缺乏运动锻炼在影响现代人健康的因素中占有重要地位。体育以身体活动和智力活动为基本手段,合理的体育锻炼可促进青少年全面发育,提高青少年的身体素质水平,促进运动能力的增强,并且对生活方式与生活质量的改善也有积极意义。

虽然越来越多的学校、家长认识到体育锻炼对青少年健康的积极意义,但学校和家长在"应试教育"影响下对文化考试成绩和升学率的狂热追求已经超出了对青少年健康的追求,健康甚至要给成绩"让位"。青少年学生的体育锻炼时间得不到保证,自然也就无法获得体育锻炼带来的强身健体效果。

(三)生活方式

生活方式是人们一切生活活动的总和,对健康有直接的影响,不良生活方式是造成"现代文明病"的主要因素之一。现代人的生活方式随着社会经济的迅猛发展和科技的改革创新而发生了翻天覆地的变化。人类一方面因现代文明成果而拥有了美好生活,另一方面也因此而面临一些威胁,如现代化的生活方式在一定程度上造成慢性疾病(肥胖症、心血管疾病等)患病率的增加。现代人在追求物质和精神享受的过程中,大自然赋予其的基本能力逐渐弱化,生物性本能日渐退化,因此身体抵抗力也越来越差,容易受疾病侵袭。

但在现代化生活中,青少年经常摄入过多热量,如摄取过多的高脂、高糖类食物及营养素补充剂,造成营养过剩,再加上运动不足,导致机体代谢紊乱,引发肥胖症。此外,高血糖、脂肪肝等成人疾病呈低龄化趋势,这与青少年的不健康生活方式有很大的关系。

1. 过于依赖智能化产品

快速发展的便携智能化产品在使人们生活便利的同时,也改变了人们原有的生活方式。青少年接受新生事物能力强,是电子化浪潮的主力军。同时,我国青少年体质长期的衰退使得现今青少年体质健康问题就如同大海中的一叶孤舟,直面汹汹而来的电子化浪潮。智能化生活方式对青少年体质健康最直观的冲击,就是对青少年身体活动量的挤压。智能手机中丰富多样的游戏和随时随地的电影视频等娱乐功能替代了运动给青少年带来的乐趣;短信、手机 QQ、手机飞信、手机微信、手机微博、人人网等手机社交平台代替了运动社交,如切水果等一些游戏代替了运动的发泄功能;少年娱乐如捉迷藏等一些身体活动的游戏都变成了随时随地的智能手机和平板电脑游戏。智能产品已然成为扼杀青少年身体活动的"杀手"。

2. 久坐

随着对智能化产品的依赖,久坐问题也凸显出来。青少年身体长期处于坐位状态,双手于体前胸腹部,长时间保持这种姿势会使腰背部肌肉发僵,导致腰酸背痛;肩部肌肉活动范围狭小,诱发肩周炎等疾病;颈部长时间的保持低头动作,诱发颈部的各种不适,这些都是久坐对青少年身体健康带来的不良影响。

第四节　"健康中国"背景下的大健康观

进入 21 世纪,人类社会的发展和进步呈现出与健康愈来愈紧密的联系。联合国提出了"人人享有健康"的大目标,我国提出了"健康中国"这一伟大战略。党的十八大以来,党中央国务院推进了"健康中国"建设的伟大工程。2016 年 8 月,在全国卫生与健康大会上,习近平同志提出了以"将健康融入所有政策"为主要核心内容的新时期我国卫生与健康工作方针,强调要坚持把人民健康放在优先发展的战略地位,把以治病为中心转变为以健康为中心。这标志着我国卫生与健康理念发生了重大变革。而大健康概念的提出,是人类逐步了解健康、应对健康挑战的结果。本章就对"健康中国"背景下的大健康观进行具体阐述。

一、大健康观

简单来说,大健康观包括以下几个方面的内涵。

(1)大健康观必须是健康的行为和良好的生活方式。

(2)大健康观以国家健康价值观为核心,追求天人合一,重视人、社会及生态之间的和谐。

(3)大健康观的目的是促进各种健康的实现,其中包括身体健康、心理健康、道德健康、能力健康以及社会发展健康等。

国家健康价值观是凝聚国民健康价值共识,体现国家意志,调动国家资源,构建健康社会的指导思想。我们宏扬的大健康观在以国家健康价值观为核心价值的基础上,强调健康是资本,健康权是基本人权,公民健康是政府责任,个体健康是公民社会责任,以人为本是人民健康优先,小康社会必须是健康社会。

总之,大健康观用大系统观认识人的健康本质,认识人的健康所涉及的诸多层面,解决人的健康所涉及的各个方面的问题。大健康观更全面地思考健康,真正高度重视医学模式的转变。大健康观以国民健康优先发展为标准,把握人与自然生态的和谐与平衡发展。

二、大健康观引领健康中国的伟大实践

大健康观是时代的、国家的和民族的核心健康价值观。大健康观强调人、社会和生态三个共生元素之于健康的重要作用,它与中华传统健康观有着天然的契合,并且符合当代科学对健康和疾病关系的新理解。大健康观可以把不同社会、群体或组织等共同体凝聚起来,对国家乃至人类的健康事业和未来医学的发展具有引领作用。

(一)大健康观之于时代

大健康观作为核心健康价值观,从根本上反映并强化了多层次主体即个体、社会和国家的健康需要与利益,表现为主体的健康价值目标和追求,

以及主体为实现健康价值目标所产生的期望。这种追求和期望必将引发主体的活动动机和激情,激发主体的各种潜在能力,促使主体投身于大健康事业和未来医学发展的实践和认识活动中,从而使"人人享有健康"的伟大理想得以实现。

(二)大健康观之于社会

大健康观贯穿人类健康维护和促进活动的始终,是整个社会健康意识的核心。它构建个人的精神家园,是人生价值和意义的基础建筑,能引导、制约、规范人的社会实践活动和生活方式,也将深刻影响社会的凝聚力和创造力。

(三)大健康观之于国家

从国家层面来说,大健康观是影响现代国家动员的一项重要因素。如今,大健康观已被纳入国家的战略布局,这从表 2-7 可以窥见。

表 2-7　促进大健康观纳入国家战略布局的国家动员

时间	动员行动
2012 年	党的"十八大"报告指出:"医疗卫生事业是造福人民群众的事业,关系广大人民群众的切身利益,关系千家万户的幸福安康,也关系经济社会的协调发展,关系国家和民族的未来,各级党委和政府都要切实把发展医疗卫生事业,提高人民群众健康水平放在更加突出的位置,走中国特色医疗卫生改革发展道路,加快医疗卫生事业发展步伐,努力满足人民群众日益增长的医疗卫生服务需求。"
2013 年 8 月	李克强总理在国务院常务会议上首次提出健康服务业的概念,随后于十八届三中全会发布的《关于全面深化改革若干重大问题的决定》亦明确提出要统筹推进卫生服务。
2015 年 11 月	十八届五中全会审议并通过了《中共中央关于制定国民经济和社会发展第十三个五年规划的建议》,"健康中国"和"美丽中国"(生态文明建设)被写入"十三五"规则。
2016 年初	国家卫计委在《健康中国建设规划(2016—2020 年)》编制工作部署会上指出,"健康中国"将从大健康、大卫生、大医学的高度出发,突出强调以人的健康为中心,实施"健康中国"战略并融入经济社会发展之中,通过综合性的政策举措,实现健康发展目标。

续表

时间	动员行动
2016 年 10 月	中共中央、国务院印发了《"健康中国 2030"规划纲要》(下简称《纲要》)将"共建共享、全民健康"作为战略主题,坚持政府主导,动员全社会参与,推动社会共建共享,实现全民健康。这是今后 15 年推进健康中国建设的行动纲领。《纲要》确立了"以促进健康为中心"的"大健康观""大卫生观",提出将这一理念融入公共政策制定实施的全过程,统筹应对广泛的健康影响因素,全方位、全生命周期维护人民群众健康。

(资料来源:闫希军,2017)

第三章 青少年健康促进
理论与方法体系

　　体育锻炼能够有效促进人们的身体健康，对于正在生长发育阶段的青少年而言，坚持进行体育锻炼具有积极的意义。本章首先对健康促进的概念、内涵与构成要素进行分析，然后在此基础上探讨青少年生理健康与促进方法、常见心理问题与促进方法以及青少年社会适应能力与促进方法。

第一节　健康促进的概念、内涵与构成要素

一、健康促进的概念、内涵

　　对于健康促进的概念和内涵，多年来人们有较多的讨论。一种意见认为健康促进包含以下四点内容。

　　(1)健康促进涉及整个人类的健康和人们生活的各个方面，而不仅仅是针对某些疾病或某些疾病的危险因素。

　　(2)健康促进主要是直接作用于影响健康的病因或危险因素的活动或行动。

　　(3)健康促进不仅作用于卫生领域，还作用于社会各个领域，健康促进指导下的疾病控制已非单纯的医疗卫生服务，而应采取多部门、多学科、多专业的广泛合作。

　　(4)健康促进特别强调个体与组织有效、积极的参与。

　　健康促进生活方式作为一种积极的生活方式，是指引领个人、家庭、社区及社会朝向增进安宁、幸福及实现健康潜能目标前进的行为。

　　青少年健康促进的内涵更强调把所有有利于发展和促进青少年健康的因素组织和联系起来，形成广泛的合作。有人把学校健康促进的目标人群分为以下两个级别：一级目标人群指学生群体；次级目标人群包括学校领导、教职员工、学生家长、社区领导。通过开展健康促进学校工作，努力给学

生提供综合性的、积极性的经验和组织体系,创造安全、健康的学校环境,提供适当的健康服务,以促进和保护青少年健康成长。

总之,健康促进是以教育、组织、法律和经济等手段,干预那些对健康有害的生活方式、行为和环境,以促进健康。其目的在于努力改变人类不健康的行为,改善预防性服务以及创造良好的社会与自然环境。

二、健康促进的构成要素

(一)平衡膳食

人体在维持生命和各种活动时均需要消耗一定的热能,所以营养是维持人类生命活动的基础,它主要起着产生能量、调节代谢、促进生长的作用。而合理膳食、平衡营养是维持健康的重要方面。

在人民生活水平日益提高的今天,民众的膳食结构发生了很大的变化,但健康水平不容乐观,不少人缺乏营养学知识,饮食中鸡、鸭、鱼、肉的比重过大,绿色蔬菜过少,导致脂肪、胆固醇、纯热量过高,维生素及纤维素严重不足。这种不平衡的膳食结构,使心脑血管疾病、肥胖症、糖尿病、胆结石等疾病的发病率不断增加,而且发病年龄明显提前。调查显示,12—15岁青少年高血压的发病率已达 3.11%。

(二)良好的心理状态

心理健康是个体在各种环境中能保持一种良好适应能力和效能的状态。一个人不仅仅是生物体,更是一个社会成员,而健康的心理是一个社会人适应社会的基本条件。

心理情绪因素对生理上的健康起着十分重要的作用。现代心理医学研究表明,一个人心情舒畅,精神愉快,中枢神经系统处于最佳功能状态,内脏及内分泌活动就会在中枢神经系统调节下处于平衡状态,身体自然也就健康。总之,良好的心理状态是获得机体健康的基本要素。

(三)科学的体育运动

《中国大百科全书》将体育活动定义为:"通过一些轻松愉快的身体活动使人转移对日常生活中的艰难和压力的注意力"。

体育运动是否有益于健康长寿,存在着各种不同的观点。德国柏林科学中心社会研究所的国民经济学家格特·瓦格纳博士认为:"良好的教育和稳定的收入很可能是实现有健康意识的生活方式和较高预计寿命的最有效手段"。他的理由是"我们还是不能根据经验说明,被当作手段的体育运动对改善健康状况是否有效","虽然可以认为活动少会使人生病,从而使人少活若干年,也可以断定,通过体育活动最能避免心血管疾病。但另一方面也并没有证据可以说明,通过经常的体育活动会如所期望地改善健康状况。"与之相似的一些观点是:体育锻炼不一定能健康长寿,不运动而长寿的人也不少。但大多数人的研究表明,科学合理的体育运动能使人获得健康。

欧信等提出运动和健康密切相关的主要理由如下。

(1)运动可以改善心血管系统,降低血中低密度脂蛋白含量,减少患冠状动脉阻塞的心脏疾病。

(2)运动可以改善肥胖,使人类可望增加7年的寿命。

(3)运动可以有效地改善或预防因支撑脊椎的肌力衰退或组织失去弹性引发的背痛,背痛会造成活动困难,使身体功能退化。

(4)缺少运动引发的疾病有冠心病、高血压、下背痛、肥胖以及关节病变等。

(5)运动不足使人类越来越衰弱,使协调感、平衡感、空间感降低。

(6)运动可以控制体重,体重过重是冠心病、高血压、糖尿病、关节病变的诱因。

(7)运动让人感觉美好、愉快,更能迎接每一天的挑战。

(8)睡眠的质量会因运动而变好,良好的睡眠是健康的基础。

第二节 青少年生理健康与促进方法

一、体育锻炼的生理效应

(一)体育锻炼对心血管系统的影响

在血液循环的作用下,人体实现了与外界物质的交换以及体内物质的运输,如果血液循环停止,人的生命也将终结。可见,心血管系统对人体生存具有重要意义。参与体育锻炼对心血管系统的作用主要表现在以下几方面。

1. 促进血液循环,防治心血管疾病

一般情况下,正常人的血液总量只占体重的8%,而经常参加体育锻炼的人的血液总量约占体重的 10%，并且血液的重新分配机能快，这就保证了人体在承受较大的生理负荷时，经过神经系统的调节，反射性引起储存在肝和脾内的血液释放出来，同时血管的收缩和舒张，动员了大量血液参加循环，保证了肌肉活动时的血液供给。

2. 改善心肺功能

经实验研究发现，经常参加体育锻炼能使心肌肌红蛋白的含量增加，组织代谢能力加强，供血量增加，使心肌纤维变粗，心脏的重量和大小增加，心脏搏动有力。由于心壁增厚，心腔增大，因此心脏的收缩能力提高，心容量增大。一般人的心容量为 765～785 毫升，而如果经常进行体育锻炼，其心容量可达到 1 015～1 027 毫升，每分输出量和每搏输出量也都会增加。

（二）体育锻炼对呼吸系统的影响

呼吸系统包括呼吸道和肺两个部分，它们的活动实现了人体与外界气体的交换，它们为人体的各项生理活动提供必要的氧气供应，同时排出人体生成的二氧化碳。呼吸系统是代表人体生命活动的标志，对人体的健康发展有着重要的作用。

1. 提高呼吸系统的机能水平

经实验研究发现，经常进行体育锻炼，会使机体的呼吸频率相对减少，呼吸深度加大，呼吸肌的力量增强，肺泡弹性增大，肺活量和肺通气量的指标明显增大。例如，一般成年女子的肺活量为 2 500 毫升左右，成年男子的肺活量为 3 500 毫升左右。安静状态下一般人的呼吸频率为 12～16 次/分钟，肺通气量为 6～8 升，而经常参加体育锻炼的人的呼吸频率仅 8～12 次/分钟就可达到同样的肺通气量。呼吸系统机能水平的提高和改善，对保持健康和预防疾病都非常重要。

2. 促进呼吸器官结构的改变

一些体育运动的强度比较大，肌肉活动比较剧烈，需要消耗的氧气量、产生的二氧化碳量都会很大，于是呼吸系统必须加大工作量才能满足机体活动的需求，具体表现为呼吸频率加快，呼吸次数增加，深度加深，胸廓活动度加大。尤其是大负荷的运动练习，呼吸次数可增到 40～50 次/分钟，每次吸入空气量达到 2 500 毫升，是安静时的 5 倍。同时，由于运动时对氧的需求量增加，呼吸的深度加大，呼吸效率提高，因此肺泡也会最大限度地参与气体的交换，这会促进肺泡的生长发育及弹性的改善。经常参加体育锻炼的人,其胸围一般要比同年龄人大 3～5 厘米,呼吸差也增加到 9～16 厘米。

(三)体育锻炼对运动系统的影响

人体的运动是由运动系统实现的。运动系统由 206 块骨骼、400 多块肌肉以及关节等构成。参加体育锻炼可以让运动系统产生良好的适应性变化,具体表现为以下几个方面。

1. 促进结构机能的有利变化

人在参加体育锻炼时,由于骨肉工作加强,血液供应增加,蛋白质等营养物质的吸收与储存能力增强,肌纤维增粗,因此肌肉逐渐变得更加粗壮、结实,肌肉力量增强。由于肌肉中肌红蛋白的增加使其结合氧气的能力增强了,营养物质——肌糖原储存增加了,肌肉内毛细血管的数量也增多了,因此参加体育锻炼的人的肌肉比不参加体育锻炼的人有更多的物质储备,更能适应运动或劳动的需要。肌肉含量增加,脂肪含量就会相对下降,使人体基础代谢率提高,有利于人体健康。同时,参加体育锻炼可以加强肌肉收缩时的力量,加快肌肉的收缩速度,增强肌肉的弹性、柔韧性。

2. 提高关节的柔韧性和灵活性

体育锻炼可以增加关节面软骨和骨密度的厚度,并可以使关节周围的肌肉发达、力量增强,关节囊和韧带增厚,进而可以使关节的稳固性和抗负荷能力加强。在增强关节稳固性的同时,由于关节囊、韧带和关节周围肌肉的弹性和伸展性提高,因此关节的运动幅度和灵活性也大大增加。

二、生理健康的促进方法

对青少年进行早期训练,首先要遵循青少年的生长发育规律。

(1)传授正确的基本技术。青少年骨的结构特征和物理特性决定了骨易发生弯曲和变形,在日常教学中应教育他们保持良好正确的体姿。在参加体育锻炼的初期,帮助他们掌握正确、合理的基本技术动作和跑跳姿势是十分重要的。青少年可塑性强、模仿能力强,建立正确的技术定型会使他们终身受益。

(2)遵循各器官系统的发育顺序安排训练。青少年的体育锻炼应该遵循各器官系统的发育顺序。例如,神经系统是发育最早的系统,与之相关的速度练习应注意发展,而心血管系统成熟较晚,无氧训练应较少安排。

(3)全面发展原则。全面发展对青少年的生长发育有重要意义。在进行以身体单侧活动为主的运动时,如乒乓球和羽毛球等,以及要求身体较长时间处于比较固定的一种姿势的运动时,如自行车和速度滑冰等,容易导致肢体发育不均衡和脊柱的变形。在锻炼中应注意身体各部分的全面发展,尤其是非优势侧肢体的锻炼。

(4)避免过大的运动负荷。运动负荷过大,会影响青少年的生长发育,特别是运动强度较大时,对心血管系统等刺激较大,应慎重安排。注意负荷不宜过重,持续时间不宜过长。此外,在进行负重练习时,重量过重、练习次数过多及练习时间过长等有可能影响下肢的正常发育,引起下肢骨变形、足弓塌陷,甚至会使下肢骨骨化提早完成,有碍身高的增长。

第三节 青少年常见心理问题与促进方法

在 21 世纪,能力比知识重要,而心理素质比能力更重要。良好的心理素质是青少年身心健康、人格健全的重要标志和成才立业的坚实基础。社会及家长对青少年寄予了很高的期望,青少年自己也强烈期望成才,但他们又是一群心理发育尚未成熟的特殊群体。加强对青少年的心理健康教育,提高他们的心理健康水平,培养正确的自我评价能力、良好的情绪调控能力和社会适应能力,使其建立和谐的人际关系,就显得十分必要和迫切。

一、青少年心理健康的标准

心理健康的标准是什么? 在不同时代、不同社会通常有着不同的标准。当前,根据我国青少年的年龄、心理和社会角色特征,其心理健康的基本标准可归纳为以下几个方面。

(一)智力正常

智力正常是一个人正常生活最基本的条件,通常被作为衡量青少年心理健康的首要标准。心理健康的青少年能充分发挥自我效能,有浓厚的学习兴趣与强烈的求知欲,并可从中体验到快乐与满足。他们观察力强,注意力集中,记忆良好,想象力丰富,学习成绩稳定,还能通过知识学习和社会实践积淀文化,延展人生阅历空间,丰富自己的精神世界。

(二)情绪健康

心理健康的人能控制情绪,心境良好。稳定而愉快的情绪状态使人心情开朗、精力充沛,对生活充满热情和信心。青少年要保持心理健康,必须学会对情绪的自我调节和控制,做到喜而不狂,忧而不伤,胜不骄,败不馁;在社会交往中既不妄自尊大,也不退缩畏惧;情绪表达恰如其分,既能克制又能合理宣泄,既符合社会的要求又满足自身的需要;情绪反应与环境相适应,反应的强度与引起这种反应的情境相符合。

(三)意志坚强

意志是个人在挫折、困难面前显示出来的心理状态,意志坚强是青少年心理健康的重要表现。良好的意志品质表现在,行动有较高的自觉性、果断性、坚韧性和自制性;对心理刺激及压力有较好的承受力、抵抗力;对自己的思维方向和进程、动机趋向与取舍、决策与行为等心理活动,可自觉地加以控制与调节。

(四)人格健全

人格是指个人在社会化过程中形成和发展起来的性格、情感、精神风貌以及行为方式等各种特征的总和,它稳定而统一,决定了个体内在的心理品质和外在的角色行为。健全人格的标志是,在举止言谈、待人接物、情感反应、意志行为等方面都符合社会的价值观念和道德规范,有积极向上的人生态度、乐观开朗的性格,人际关系和谐,助人为乐,敢于见义勇为等。

(五)社会适应良好

社会和环境条件总是在不断变化,人们需要主动或被动地采取措施,使自己与环境达到新的平衡,这一过程叫作适应。社会适应能力包括正确认识社会的能力和正确处理个人与社会关系的能力。一个具有充分社会适应力的青少年,热爱生活,对所处环境有客观的认识和评价,与社会保持着广泛的接触,生活有理想而又能面对和接受现实,使自己的思想行为与社会协调统一。

(六)能正确评价自我和接纳自我

心理健康的青少年自我认识和自我评价往往比较客观,包括自己的个性、能力、优缺点等,对自己不会提出苛刻的非分期望与要求,对生活目标和理想也能定得切合实际。自我接纳指能够欣然接受自己现实中的状况,是对自身以及自身所具特征持有的一种积极的态度。有了切合实际的自我评价和愉悦接纳自己的态度,便不会因自身优点而飘飘然,也不会因存在的不足和缺陷而抬不起头,即不自傲也不自卑,自尊自爱适度,谦而不卑,自信乐观,扬长避短,努力发展自身的潜能。

(七)人际关系和谐

人际关系状况很能体现和反映一个人的心理健康水平。人是社会的人,离不开人际交往,良好的人际关系是事业成功与生活幸福的前提。青少年和谐的人际关系体现在乐于与人交往,能以尊重、信任、理解、宽容、友善的态度与人相处。在交往中保持独立的人格,不卑不亢;能客观评价自己和他人,善取人之长补己之短;能给予并接受爱和友谊;能与他人同心协力,合作共事,有较强大的社会支持系统。

二、青少年常见的心理问题及促进方法

(一)常见的情绪困扰与促进方法

1. 常见的情绪困扰

(1)焦虑。焦虑是人们对即将发生的事件或情境感到担忧和不安,或感觉到潜在威胁,却无法预防和解决时产生的情绪状态,是一种由担忧、紧张、焦急、害怕、恐惧等感受交织在一起的情绪体验,具有持续性或发作性。焦虑使人过度紧张,引起烦躁不安、担忧害怕、失眠早醒等,严重影响学习和工作。

然而,焦虑并非绝对的坏事,适度的焦虑能唤起警觉,激发斗志,提高效率。心理学研究发现,中等焦虑最有利于考生自我能力的发挥,比低焦虑和高焦虑水平者更能取得好成绩。所以,青少年在日常生活中既要排解病理性高焦虑,也要有意识地保持适度的中等焦虑。

(2)抑郁。抑郁是人在感到无力应对外界压力时产生的一种消极情绪状态,常与苦闷、压抑、凄凉、自卑等感受交织在一起。心情抑郁的青少年闷闷不乐,兴趣丧失,不愿与同学交流,不想参加学校活动,并伴有食欲减退、失眠、头痛等。对大多数人来说抑郁只是偶尔出现,为时短暂,程度较轻,只有少数人长期陷入抑郁状态,继而发展为抑郁症。

引起抑郁情绪的原因主要是社会竞争激烈、学业压力大、环境适应不良、同学间的冲突或失恋等。相比而言,性格内向孤僻、多疑多虑、不爱交际、抗压力弱的学生更容易被抑郁困扰。

（3）易怒。易怒是指人对各种不顺心的事轻易产生愤怒的反应倾向，是一种短暂、紧张的情绪状态，有时还会有较激烈的行为反应。愤怒程度因诱因和个人性格气质的不同表现也不一样，可分为不满、气恼、愤忿、恼怒、大怒、暴怒等。

青少年年轻气盛，内制力较差，容易冲动，易怒成为一种常见的消极情绪。当权利受到侵犯，或听到刺耳言语而感到自尊心受损，或感到被误会、冤枉、欺骗、侮辱时，常常怒火中烧，一旦克制不住自己，则可能出言不逊，拳脚相加，铸成大错，甚至触犯法律构成犯罪。易怒与错误的认知有关，有人以为一发雷霆之怒，便可以震慑他人，或挽回面子，事实上总是事与愿违，不但惹起众怒让人反感，自己的心绪也更加不得安宁。

（4）冷漠。冷漠是个体对环境和现实自我逃避的一种退缩性心理反应，表现为对人对事无动于衷、漠不关心。冷漠的青少年往往面无表情，缺乏生气，萎靡不振，常将内心体验封闭。不关心同学和集体，很少参与集体活动，对个人未来、国家的前途等漠然置之。

冷漠心理的形成往往和个人经历、个性特点有关，多由于遭受挫折或感到没有希望摆脱和消除困境时，无可奈何地以冷漠方式应对，虽带有一定的心理防御和消极的自我保护性质，但长期的冷漠状态会严重影响身心健康，对学习、生活、前途极为不利，只会使自己脱离集体生活，无法适应社会的需求。

（5）孤独。孤独是个人的交往动机、合群需要未得到满足，感到被外界冷落、遗弃或排斥而产生的失落情绪，是一种主观上的社交孤立体验。长期或严重的孤独可引发情绪障碍，带来沮丧、忧郁、紧张、烦躁、空虚、失眠、绝望等消极感受，造成人际交往缺失。

产生孤独情绪的原因比较复杂，如孤单的居处、陌生的环境、突变的家境，若不能尽快适应，便会与社会产生隔膜、疏离，导致孤独。事业上遭受挫折，缺乏与异性的交往，失去父母的挚爱，没有知心朋友等，也会诱发孤独。孤独还与性格有关，内向者对自我世界过度关注，将自己闭锁在自我意识中；自负者因自视甚高，在交往中不合群、不随和，缺乏朋友，都会感到孤独。

在心理学家看来，适当的孤独使自己置身人际关系之外审视自身，可以摆脱外部羁绊修炼自己，更大程度上成为一个有独立人格的人。因而青少年既要排解孤独、寂寞的困扰，又要学会适当地享受孤独，领悟"精神孤独"之境，即哲学、文化学意义上的孤独。这种孤独不是没人陪伴的孤单，而是摆脱喧嚣的物欲世界，进入内省的自足的睿智境界。这种恬淡的凄美之境给人一种崇高美妙的感觉。学会接纳孤独并能享受孤独,在孤独中升华灵魂,是青少年成熟的重要标志。

(6)嫉妒。引起嫉妒的因素主要是名誉、地位、钱财、爱情。自尊心过强、认知有偏差、自信心不足、自控能力弱的人,更容易产生嫉妒,而且程度更重,凡别人所有的,包括外表、成绩、能力、运气、物质等方面的一切优点都要嫉妒。

嫉妒的具体特征包含以下几个方面。①明确的针对性。嫉妒心理往往产生于同一部门(如班组、寝室)和同一水平的人之间,因为曾经平起平坐或不如自己,如今却比自己强,所以便专跟他过不去。②明显的对抗性。轻微的嫉妒仅表现为冷嘲热讽,向被嫉妒者发泄怨恨,冷淡、疏远对方;嫉妒心强者则具有明显的攻击性,言语尖刻,百般挑剔,甚至混淆是非,颠倒黑白,严重的还采取攻击性行动。③指向的伪装性。由于嫉妒为人们普遍鄙视,加上人们对社会道德的敬畏,因此人们不得不将嫉妒的指向伪装起来,遮掩其嫉恨之所指。

嫉妒产生于以极端自私为核心的绝对平均主义,是唯一没有正面意义的消极情绪。嫉妒不仅会造成同学间的隔阂,破坏寝室、班级成员的团结,本人也会痛苦不堪,不能自拔。

(7)自卑。自卑是由于在现实生活中反复受挫、屡遭失败、丧失自信而产生的一种自轻自贱的消极情绪体验。自卑心强的青少年主要表现为对自己评价过低,觉得各方面都不如人,怯于与同学交往,谨小慎微,害怕失败,没有主见,常随声附和等,对学习和正常发展带来一定影响。

2. 情绪困扰的促进方法

调适不良情绪、控制情绪困扰,是指培养疏解负面感受的能力,学习调控的方式和技巧,从而保持健康乐观的情绪。

(1)宽容待人,悦纳自己。被情绪困扰的人首先要改变对他人和自己的认知,对人对己宽容。宽容是用豁达的心胸理解人生,承认并接受生活中的不完美,给自己和他人一个伸缩的空间。一个不肯宽容别人的人很难得到别人的宽容,一个不肯宽容自己的人常常会陷入自怨自责和悔恨的情绪中。拥有宽容和悦纳,不以苛求的眼光看待他人和自己,就会拥有健康和快乐。

正确认识自我,包括正确分析自己的生理、心理特征及与他人的关系,囊括了体格、智力、气质、性格、兴趣爱好、修养德行等。只有正确认识自己、悦纳自我,既不好高骛远又不苛求挑剔,有一个全面正确的评价,才能有效控制和调整不良情绪。

（2）自我暗示，自我激励。积极的自我暗示、自我激励是对不良情绪进行自我克制、自我约束的主要方法。

积极的自我暗示就是给自己灌输某种积极观念，让它对自己的意志、心理以至生理状态产生影响，从而消除紧张情绪，保持乐观情绪，微笑面对人生。反复多次的正面强化暗示，对调节自己的情绪和行为有奇妙的作用。

（3）转移注意，行动调节。心理学研究表明，一旦发生情绪困扰，大脑皮层就会出现一个强烈的兴奋中心，此时若再受到新的刺激，引起新的兴奋中心，便可抵消或冲淡原来的兴奋。因此，当遭遇不良情绪困扰时，可有意识地把注意力从引起不良情绪反应的境况中转移到其他事物上去，分散、转移注意力，恢复正常情绪。

青少年还可采取行动转移情境，用行为调整心态，驱散烦恼。当被情绪困扰时，便去做另一件与坏情绪无关的事，或参加强度较大的体育运动（如跑步、打球、游泳）和体力劳动，放松身心，消除紧张情绪，或参加社团活动、娱乐活动、公益活动，使自己忘却烦恼，并体验到存在的价值，增强自信。独处时可以读读闲书，听听轻音乐，或采取静坐、练气功、瑜伽、深呼吸或想象放松等静态行为方式释放心理压力。

（二）青少年人际交往障碍与促进方法

1. 人际交往障碍的主要表现

（1）以自我为中心，关注他人不够。自我关注的实质是想被人关注，得到他人的尊重和关心，这是人的一种基本需要。但是，当这种合理的需要变成以自我为中心时，便成为一种人格缺陷。自我关注欲望太强的青少年，自视甚高，在待人接物处事时，"我"字当先，自私傲慢，只顾及自己的兴趣和意愿，不关心他人，漠视别人的处境和感受，常常在不经意中伤害人，造成冲突和摩擦。部分青少年则因自幼养尊处优，听不得批评，也不愿为别人做出牺牲，缺乏谦让与合作精神，影响人际交往。

（2）对人际关系理想化，不善于交往。很多青少年踏进大学校门之前，往往对人际关系满怀憧憬，过于理想化，对交往的复杂性缺乏足够的心理准备。中学阶段，人际关系较单纯，全力以赴地学习，课余时间又被各种补习和特长培训挤占，少有机会和同龄人相处，不知道怎样与人交往。进入大学，须建立新的师生关系、同学关系，处理与室友的摩擦、冲突，还会遇到如何与异性交往及恋爱等新问题，一时难以适应，导致交际障碍。青少年对人际关系的理想化，还表现为过分追求完美，在待人处事时往往带有强烈的主观性、片面性,用"完美"尺度衡量他人,期望过高,缺少理解和宽容,使自己在交往中处于孤立的状态。有的则因对方的某个缺点而一叶障目,或因别人的看法与己不同而拒绝往来,或在交往中出现矛盾、分歧时,一味责备对方,甚至迁怒于人,反目成仇,葬送了友谊。

(3)看重"实惠",忽视感情。任何人都有通过交往使自己得到提高、赢得友谊、获得机会、得到发展的愿望,这些想法都是合理而正常的。但如果过多考虑个人利益,把市场经济通行的"等价交换原则"用于人际交往,使交际带上浓厚的功利色彩,那就大错特错了。当前,青少年面对着激烈的竞争和就业压力,不少人在人际交往中越来越功利化,越来越看重"实惠",把交际往来看作达到目的、满足私利的手段。凡用处大、得利多的就深交,用处小、得利少的就浅交,无用无利的则不交。

将功利主义作为人际交往的指导思想,"唯利是图",必然忽视感情,只有金钱、物质的交换,只剩下利益的关联,谈不上良好关系的建立。即使建立了联系,也会因利益的冲突、得失的计较而断裂。因此,与人交往一定要注意增进感情、深化友谊,使之成为促进人际关系、共同进步、共同发展的积极因素。

(4)消极避退,自我封闭。青少年入学后面临新的人际关系,会有一个较长的适应期,一时无法顺利沟通本属正常现象,但有些青少年或由于性情内向孤僻,不愿或不好意思与人交往;或在交往时掩盖自己的真实思想、情感,遇事不发表意见;或为人处世能力较差,不懂得沟通的艺术和交际技巧,便消极避退,自我封闭,造成沟通障碍。

(5)虚拟交往,沉溺网络。在互联网迅猛发展的当下,青少年因对学校新环境和人际关系不适应,加之失去家长的管控,容易出现沉溺网络的现象。他们逃避现实中的人际交往,热衷于网上交友、聊天、打游戏、看电影……在虚拟世界里寻找暂时的心理满足。但是,网络虚拟交往虽然也能传递思想和感情,但是无法替代现实的人际交流。长期沉浸于虚拟世界,必然疏离现实生活,与周围人群产生感情隔阂。那些成天面对电脑的青少年,交际能力下降,在大众面前无所适从,浑身不自在,一旦交往受挫,便会逃避现实,又退缩到虚拟空间寻求慰藉,形成恶性循环,从而更加沉溺于网络,更加孤僻、封闭。

2. 消除人际交往障碍的方法和技巧

人际交往能力是衡量一个现代人能否适应开放社会的标准之一,青少年必须掌握消除交往障碍的方法和技巧。

（1）培养自己良好的交往品质。青少年人际交往出现障碍,首先是交往的理念、动机、心理出现偏差。要消除障碍就得从根本问题入手,屏弃自我中心、自私自利、功利主义等观念,克服自傲、自卑、猜疑、嫉妒等心理,培养自己良好的交往品质,如尊重、真诚、宽容等。

人际交往中,尊重是人最重要的品质。人都有自尊心,特别是处于青春期的青少年自尊心极强,更渴望被尊重,对尊重自己的人有一种天然的亲和力和认同感。因而在交往中要注意发现对方的优点、长处,真诚地肯定对方,慷慨地赞美对方。尊重是一种发自内心的敬重,尊重人首先要尊重别人的人格、个性、习惯。

真诚是为人处世的美德。与他人交往要真心实意,以诚相待,只有真诚交往,双方才能推心置腹,袒露心扉;彼此心心相印,肝胆相照,才能相互信任,获得纯洁的友谊。真诚还体现在相互理解和支持上,当别人遇到困难尤其是遭遇厄运特别需要帮助时,应尽自己所能主动帮助。

宽容也是一种沟通情感、促进人际交往的高尚品质。所谓宽容,即包容宽厚,是一种心胸开阔、气量恢弘、雍容大度的崇高境界。对人宽容,意味着不计较别人的小节,原谅别人的过失,理解别人的苦衷,包容不同意见,忍让冒犯自己的言行,宽恕人家不能宽恕的事。幽默是宽容精神的体现,培养幽默感,能淡化人的不良情绪,消除人际关系障碍。

（2）平等相处,善于换位思考。在交往时与人平等相处,既不高估自己,也不自轻自贱,不因他人有权有势就巴结逢迎,也不因对方遭遇失败而落井下石,不论贫贱富贵一律平等相处,以礼相待。平等还意味着与不同层次、不同修养、不同性格的人友好相处,平起平坐,一视同仁。

平等待人要善于将心比心、推己及人。遇事不妨换位思考,"己所不欲,勿施于人",在待人处事上就能公正平等,恰到好处。青少年设身处地换位思考是培养交际能力的一种好办法。

（3）培养高尚的品格,增强自身的人际吸引力。一个人的人际吸引力主要取决于个体的综合素质,即人格魅力。人格魅力是指一个人在性格、气质、能力、道德品质等方面所具有的特别受人倾慕、容纳的吸引力和迷惑力。拥有高尚的人格,就会获得人们发自内心的钦佩,就会激发别人衷心的喜爱和亲近,就能赢得人心,获得人缘。

人格魅力的基础在于人的性格特征。增强人际吸引力有赖于优化人格,端正自己的人生价值观和交友观,陶冶情操,培养高尚的人格品质。高尚的品格是人性最高形式的体现,如豁达大度,诚实友善,有进取精神,敢于担当,自尊自重自爱,自立自强自信,乐于助人等。具备这些品质,就有了品位,有了格调,有了气质,有了魅力。

第四节　青少年社会适应能力与促进方法

　　社会适应能力是学生在走出校园,进入社会工作所必须具备的能力。而运动研究表明,体育运动除了能够锻炼学生的身体,增进学生的健康,也能够从心理和社会适应能力方面为学生提供很好的帮助。

一、青少年社会适应能力测评

(一)《适应行为量表》

　　《适应行为量表》(ABS)具有很大的信息量,能够对多种不同适应功能进行全面的反映,1981 年引进国内。量表结构:ABS 共有两大部分,分为21 个主题,每一个主题又包括了若干项目,共有 95 个项目。这 21 个主题具体如表 3-1 所示。

表 3-1　《适应行为量表》21 个主题及其内容

主题	具体内容
独立能力	指饮食自理能力,大小便自控能力,个人清洁卫生与外出独立生活能力。
躯体发育	指感觉发育和运动发育方面的情况。
花钱	指钱财管理和用钱预算及购物的能力。
语言发育	指语言表达和理解及社交语言发育的能力。
计数和计时	指计数、计时和获得时间概念的能力。
就业前活动	指职业复杂度,在学校的劳动表现、工作学习和工作习惯的表现。
自我导向	指对学习和工作的自动性或被动性及注意力和坚持性,空余时间自我安排的能力。
责任心	指对个人物品的关心程度和一般的责任感。
社会化	指与别人的合作和相互作用的能力以及社交成熟度等方面的能力。
攻击性	指威胁、损坏公物的行为及发脾气或暴怒等不良攻击性行为。

续表

主题	具体内容
社会行为与反社会行为	指嘲笑或议论别人,妨碍别人活动,不尊重别人财产,言语粗鲁等不良言行。
对抗行为	指无视纪律,不听从教导或对抗的态度,逃避活动及在集体活动中表现不好的行为。
可信任度方面	指擅自动用别人的物品及说谎和欺骗行为。
参与或退缩	指不活跃,害羞,退缩行为。
装相方面	指刻板行为或奇特姿势。
社交表现	指与人交往时不合适的行为。
发音习惯	指不良的发音习惯。
习惯表现	指不良口腔习惯,弄坏自己的衣服,及其他怪癖不良习惯。
活动度	指多动倾向。
症状性行为	指自我估计过高,不能正确对待批评或挫折,过分追求注意或表扬,有疑病倾向或情绪不稳的其他表现。
药物使用	指使用抗精神病药物、镇静剂、兴奋剂、抗癫痫药。

(资料来源:陈彦、赵丽光,2003)

1995 年 1 月—1996 年 2 月,上海、北京、南京、济南、沈阳、青岛、龙岩(福建省)、杭州、南通、合肥、深圳、郑州、甘肃、四川等全国 14 个省市 19 个单位各协作组在这些地区进行了正式的抽样调查,通过全国协作研究取得 ABS 在我国应用的数据,实施量表的信度和效度的测试,以取得我国儿童的适应能力数据,制定出我国儿童的适应能力常模,供临床使用。

1. 重测信度测试

各个协作组取 30 名受试者,其中一半为男性,一半为女性,在间隔 10 天之后再进行相应的测试,对两次测试的各主题相关系数进行计算,两次测试分数的各主题分符合率以相关系数表示为 0.05~0.95,量表总分的相关系数为 0.71,说明量表具有中等或较好的重测信度。

2. 量表效度测试

各个协作组分别取已经在临床被诊断为轻度和中度智力低下的 6~12

岁儿童 20～30 例,共 334 例作为低智组,通过与对照组(年龄、性别与低智组相同,智商在正常范围)在各主题分的均值作统计学比较可知,两个样本除主题 13、15、16、17、21 无明显差异外,其他各主题均有明显或非常显著的差异,说明此量表有良好的效标效度。

在中国 14 个省市,ABS 应用的结果表明,量表的信度和效度都是比较好的,可以作为中国 1～6 年级小学生适应能力测量的工具和儿童适应不良行为的指标。通过研究所获得的常模可以用于对低智儿童的诊断、分类训练、特殊教育和儿童行为的发展研究方面。

(二)《卡特尔 16 种人格因素量表》

卡特尔 16 种人格因素测验(16PF)是美国伊利诺伊州立大学人格及能力测验研究所卡特尔教授经过几十年的系统观察和科学实验,应用因素分析统计法慎重确定和编制而成的一种精确的测验。

本测验使用国际通用的 16PF 人格心理测验,同时结合中国常模标准和临床实践做出判断,主要功能是测试人的 16 项基本人格特征,并通过科学方法进一步了解各项心理学指标。这一测验共 187 道题目,这些题目采用按序列轮流排的方法,一共能测出乐群性(A)、聪慧性(B)、稳定性(C)、恃强性(E)、兴奋性(F)、有恒性(G)、敢为性(H)、敏感性(I)、怀疑性(L)、幻想性(M)、世故性(N)、忧虑性(O)、实验性(Q1)、独立性(Q2)、自律性(Q3)、紧张性(Q4)16 种因素的特征。在测试中,这 16 种人格因素都是相互独立的,并且相互之间有着非常小的关联度,任何一个因素的测量都能够对被试者某一方面的人格特征进行独特、清晰的认识,同时能对被试者人格的 16 种不同因素的组合进行综合性的了解,从而对其整个人格进行全面评价。量表测试的因子具体如表 3-2 所示。

表3-2 卡特尔 16 种人格因素测验因子

人格因素	测试内容
A. 乐群性	测试被测者与外界环境间的适应情况和交流情况。
B. 聪慧性	测试被测者的智力及其可发展情况(理性思维)。
C. 稳定性	测试被测者的情绪特征、情绪控制能力。
E. 恃强性	测试被测者的恃强、倔强性情况。
F. 兴奋性	测试被测者的兴奋特质。
G. 有恒性	测试被测者一般做事时是权宜、敷衍的,还是有恒、负责的。

续表

人格因素	测试内容
H. 敢为性	测试被测者是否有冒险敢为的人格特征。
I. 敏感性	测试被测者对待外界的敏感程度。
L. 怀疑性	测试被测者的处世怀疑态度。
M. 幻想性	测试被测者的幻想力、想象力。
N. 世故性	测试被测者在为人处世时的世故、老练性情况。
O. 忧虑性	测试被测者是否有忧郁状况。
Q1. 实验性	测试被测者对环境的批评性特征。
Q2. 独立性	测试被测者的独立分析能力。
Q3. 自律性	测试被测者处世时的自律、自觉情况特征。
Q4. 紧张性	测试被测者的焦虑、紧张状况。

（资料来源：陈彦、赵丽光，2003）

除此之外，16PF 可以做出相应的人格类型分析，如适应与焦虑型分析、内向与外向型分析、感情用事与安详机警型分析、怯懦与果断型分析、心理健康因素分析等。

(三)《中学生社会适应性量表》

《中学生社会适应性量表》是以中学生为被试者，通过理论分析和实证调查相结合的办法，系统地揭示社会适应性的结构成分，编制社会适应性的量表。通过实证调查、因素分析和信度、效度检验，获得社会适应性的多维度、多成分初评结构模型和社会适应性正式量表。

中学生社会适应性包含有四个维度，具体如表 3-3 所示。

表 3-3　中学生社会适应性量表测试维度

具体维度	测试内容
心理优势感	包括三个成分，分别是自信心、控制感和自主性。
心理能量	包括三个成分，分别是动力、能力和活力。
人际适应能力	包括四个成分，分别是乐群性、信任感、社会接纳性和利他倾向。
心理弹性	包括四个成分，分别是自控性、灵活性、挑战性和乐观倾向。

（资料来源：陈彦、赵丽光，2003）

《中学生社会适应性量表》共包括 70 个题目,分别由心理优势感(15个)、心理能量(17个)、人际适应性(18个)、心理弹性(20个)四个维度的分量表组成。

(四)《中国人社交关系量表》

《中国人社交关系量表》在 2004 年 4 月得到修订,一共 120 道题目,大约需要 20 分钟,结果报告一共 13 页。

本测验由北京师范大学心理学院心理测评研究所著名心理测量学家张厚粲教授的中国个性测评课题组领衔编制,从信任感、真诚性、利他性、顺从性、谦虚性和同情心六个方面进行细致的测评,最终了解人的社交关系状况。通过进行这种测验,人们能够对自己的合作性等方面的具体状况加以了解。

二、体育教学与人的社会化

(一)体育教学有助于社会文化的学习和掌握

对于社会文化来说,社会价值体系和社会规范是其核心。其中,社会规范主要表现为道德规范、法律规范、风俗习惯以及各种各样的生活规则、制度、条例等。

一般来说,目前体育教学(这里专指体育技术、技能的教学)基本为运动项目和体育游戏的教学。

对于社会文化学习来说,体育游戏有着非常重要的影响和作用,有学者做出了这样的论述:"体育游戏独具价值的规则,使得青少年在游戏中初步认识了规则,养成了遵守规则的习惯,并加深了对社会约束力的理解。而这种体验能在一定程度上迁移和反映到现实生活中,直接或潜移默化地影响他们在现实生活中对社会行为规范的意识,缩短对社会行为规范掌握的过程,并转化为实际行动,形成习惯,造成行为的社会定势。"(陈彦、赵丽光,2003)

(二)体育教学是培养社会角色的重要有效途径

角色学习包含非常多的内容,其中最为主要的是同角色相关的权利义务的学习,适合于角色的情感、态度、愿望以及角色的变迁的学习等。体育教学对社会角色培养具有特殊意义。

具体来说,学生在体育教学中可能扮演各种各样的角色,如教练员、裁判员、运动员等。在对不同的角色进行扮演的教学过程中,学生对角色任务更加了解,如角色稳定性和多样性、角色持有的情感和态度、扮演角色过程中的技能锻炼情况、社会习惯和心理习惯的培养等。

(三)体育教学有助于学生良好个性的形成

体育教学对于学生良好个性的形成有着非常有效的促进作用。在体育教学中,身体直接参与与反复练习的知识学习方式,以及开放性强、时空转换机会多、学生间互动机会充足等特点,使得学生能够取得理想的学习效果。

同其他学科教学相比,体育教学的实践更具趣味性、主动性以及直接参与性等特征。这些特征与优势对学生形成学习自主性、培养学生优良的意志品质、学生建立集体主义精神都有十分显著的推动作用。

第四章　青少年健康体适能
及其运动干预

在现代社会,由于知识信息更新速度加快,并且市场经济带来了巨大的挑战,因而人们承受着巨大的工作压力。人们不得不将更多的时间投入工作,才能不被挑战击败,这就使得现代的人们参与运动的时间大大减少。另外,有的人对健康的饮食习惯了解很少,也无心培养良好的饮食习惯。这些因素都导致现代的人们极其容易被慢性疾病困扰。在这种社会情形之下,健康体适能干预就有了用武之地。健康体适能干预是为了维护健康而给出的预防身体状况恶化的运动建议。

第一节　健康体适能与干预概述

一、健康体适能的内涵

人体具有多个组织和器官,有心脏、血管、肺脏、肌肉等。体适能就是指这些组织通过正常功能的发挥,来适应各种环境变化或压力的身体适应能力。

可见,体适能是一个包含很多参数的综合体,其中有与健康相关的(health-related)参数、与技能相关的(skill-related)参数以及与代谢相关的(metabolic-related)参数等。单一器官或系统的结构和功能只能发挥有限的力量,无法单独决定任何一种参数以及每一参数所包含的子项。多个器官或系统只有结合起来,才能发挥巨大作用,它们形成一个相互影响的有机整体。

健康体适能是与健康密切相关的体适能,是人们为了增强体质、促进健康并改善日常生活、提高工作及学习效率所追求的体适能。

要想测量与评价健康体适能,需要把握身体成分、肌肉耐力、心肺适能、柔韧适能这四个方面。

首先,一个人只有保持正常的身体成分,才能保持正常的身材,从而避免由肥胖导致的各种心血管疾病。

其次,一个人参与运动的前提是具有肌肉力量。

再次,在运动中,有时不小心运动幅度过大可能造成损伤,而柔韧适能可以避免这种情况的发生。

最后,良好的心肺功能可提高心血管系统的机能。

近年来,物质生活极大丰富,餐桌上的食物应有尽有,这导致我国青少年的肥胖比例逐年升高,体质逐年下降,这为将来罹患心血管疾病播下了危险的种子。因此,青少年亟须选择合理有效的运动方式,改善自身的体适能状况。

二、健康体适能干预的社会背景

科学技术的突飞猛进,改变着人们的传统生活方式,让现代生活更加智能和便捷。科技一方面让人们的生活更加自动化、智能化,另一方面也对人们的健康产生了一些威胁。汽车以及其他交通工具的盛行,使得人们的运动机会大大减少;生活中的信息系统和智能系统,也减少了人们参与日常劳动的时间;食物的极大丰富和唾手可得,使得人们渐渐陷入营养过剩的泥潭。这些因素都直接导致了慢性非传染性疾病与亚健康等发病率的增加,这是当前影响我国居民健康的重要问题。

(一)慢性非传染性疾病的盛行

20世纪以前,急性传染性疾病是人们主要的死亡原因。然而随着生活环境、时代特征、生存形势的改变,20世纪以后,慢性非传染性疾病成为人们主要的死亡原因。可见,人类的疾病谱已经更新。

从2003年到2008年这五年间,我国居民慢性非传染性疾病患病率增加了好几个百分点。慢性非传染性疾病是威胁我国城乡居民生命健康的主要疾病。其中,关于心脑血管的疾病和有关内分泌的疾病增加得尤其明显,相反,呼吸、消化等系统的慢性非传染性疾病明显减少。

有人对居民的死亡原因做过抽样调查,结果表明在我国居民的死亡原因中,排在前两位的分别是恶性肿瘤和心脑血管疾病,排在第三位和第四位的分别是呼吸系统疾病和心脏病。有人做出预测,至2020年非传染性疾病将成为我国居民的主要死亡原因。

慢性非传染性疾病是指从发现之日起超过一个月的非传染性疾病。当今流行的慢性非传染性疾病包括各种良性肿瘤、心脑血管疾病、阻塞性肺病等。慢性非传染性疾病的主要特点以及负面影响包括以下几个方面。

(1)病程长,病情反反复复,愈后差,常伴有严重并发症。

(2)它是我国主要的疾病经济负担。

(3)它严重影响了人们的生活和工作质量。

(4)它给政府增添了医疗费用的负担,加重了社会的负担,影响社会的生活稳定度和幸福度。

(二)亚健康的普遍性

20世纪80年代,苏联学者布赫曼(N. Berhman)指出,人体存在着一种非健康非患病的中间状态。这种状态被我国学者王育学称为"亚健康状态"。亚健康状态是机体在躯体、心理和人际交往上出现种种不适应的感觉,活力、反应能力和对外界适应能力降低,虽无明确的疾病,但已严重影响人们的工作效率和生存质量。

1. 亚健康状态的特点

亚健康状态具有以下几个特点。

(1)发病率高。世界卫生组织20世纪末的一项全球性调查结果表明,全世界75%的人处于亚健康状态。

(2)主诉症状多而不固定。生理方面主要表现为失眠、心悸、疲倦、乏力、月经不调、性功能减退等。心理方面主要表现为反应慢、冷漠、抑郁、注意力分散、孤独、烦躁、焦虑、记忆力下降等。社会适应方面主要表现为工作吃力、学习困难、人际关系紧张、家庭关系不和谐等。

(3)无器质性病变,属功能性改变,无确定病因。若不及时防治,可发展为器质性病变。

2. 亚健康形成的原因

亚健康形成的原因主要有以下几个方面。

(1)环境污染。森林的过度砍伐,工厂烟尘、汽车尾气的大量排放,使得大气污染日益严重。此外,各种射线、噪音、光污染、电磁波可引起机体神经系统的紊乱及免疫力的下降,影响机体的抗病能力和病后恢复。

(2)不良的生活方式。吸烟、熬夜、酗酒、不平衡膳食、过少的运动等都是不良的生活方式。

(3)社会激烈的竞争加重了现代人的精神压力。学习和工作上的重重困难、挑战,使得人们身心透支,长期这样,势必对人的躯体和精神状况产生不良影响。

第二节　青少年健康体适能的基本内容

健康体适能组成要素如图 4-1 所示。

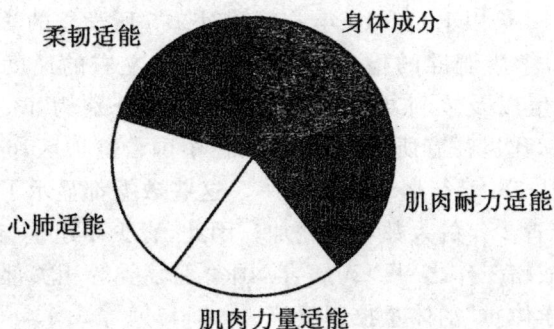

图 4-1　健康体适能组成要素

(资料来源:沈建国、施兰平,2013)

一、身体成分

身体成分(Body composition)指身体的脂肪和非脂肪的比例。体脂百分比和身体质量指数是衡量身体成分的重要指标。体脂百分比是指脂肪含量占总体重的百分比。身体质量指数是 BMI 指数,是用体重公斤数除以身高米数平方得出的数字,是国际上通用的衡量人体胖瘦程度的标准。身体成分是衡量健康的重要标志。很多青少年学生由于长时间地伏案学习,缺乏足够的运动量,因而体重增加,BMI 增大,体脂上升。肥胖是导致心血管疾病的主要风险之一。要想降低体脂,保持正常的体型和身材,必须坚持进行体育锻炼。

对此,居民应该定期检测身体成分,以便及时发现身体发生的细微变化,这有利于预防糖尿病、高血压、心脏病、中风和痛风等慢性病的发生。

(一)国内外青少年肥胖现状

青少年肥胖显然已经成为一个世界性的社会问题。关于肥胖的定义以及主要原因,不同的学者有不同的看法。从现代医学的角度分析,肥胖就是全身脂肪组织体积变大。从营养学的角度分析,肥胖是因为能量摄入大于消耗,导致能量储存过剩的一种表现。

1. 国内青少年肥胖的发展现状

我国肥胖问题较为突出,现有调查表明我国肥胖人口位居世界第一,其中有12.4%的肥胖女性,有16.3%的肥胖男性。尤其是近十几年来,中国青少年肥胖检出率迅速上升。从1985年到2005年,我国儿童青少年肥胖检出率增加了10倍以上。2010年一项针对995所学校的学生体质与健康调研结果显示,学生肥胖的检出率每年以10%左右的速度在增长。城市7—22岁男、女生以及乡村男、女生肥胖检出率分别为13.33%、5.64%、7.83%、3.78%,比以往有所增加。另外,在中国台湾地区,6—18岁青少年肥胖发生率高达26.8%,居于亚洲第一。这些数据都显示了我国肥胖问题的严重性,肥胖青少年的人数不断增加。因此,青少年超重与肥胖问题已被列为国家健康战略工作之一。2018年,国家卫健委等相关部门联合发出了"慧吃慧动,科学体重"的体重控制倡议。

2. 国外青少年肥胖的发展现状

社会不断进步,物质变得越来越充裕,而青少年的体质健康水平在不断降低。国际肥胖专家组根据调查统计,全世界的青少年超重和肥胖率已接近10%。全世界青少年超重、肥胖的检出率从1990年的4.2%提高到2010年的6.7%,按照这一趋势预计将在2020年达到9.1%或6 000万人。

青少年的超重、肥胖情况随着地区、国家的不同,呈现出一些不同之处。尤其是发展中国家青少年肥胖率的迅猛上升,引起了巨大反响。

虽然发展中国家的青少年肥胖增长速度较快,但是发达国家的青少年肥胖率依然高于发展中国家。

(二)青少年肥胖的原因

肥胖是普遍存在的情况,但是导致肥胖的原因难以下定论。事实上,造成青少年肥胖和超重的原因肯定是多方面的,基本上可以归为遗传性肥胖和非遗传性肥胖。其中,遗传性肥胖是遗传了父亲或母亲的肥胖基因,而非遗传性肥胖主要是由不良的饮食习惯、运动量的缺乏、社会环境等因素导致的。

1. 遗传

有研究表明,遗传是引起肥胖的重要原因之一。如果父母均为肥胖或者有一方为肥胖(特别是母亲),那么子女肥胖的概率就比普通人群高出很多。如果父母双方肥胖,其子女肥胖发生率在80%以上。可见,遗传与青少年肥胖有着密切的关系。当然,青少年超重与肥胖的产生原因还有很多。

2. 不科学饮食

有文献研究指出,很多肥胖青少年都进食了过多的高脂肪、高热量的食物,囫囵吞枣,狼吞虎咽,一次性进食过多,有暴饮暴食的习惯。各种媒体热衷于提及垃圾食品这一概念,既然是垃圾,为什么公开售卖?为什么没有禁止青少年购买这些所谓的垃圾食品?可能还是因为垃圾食品这种提法不太科学。无论如何,青少年摄入过多的这类食品,极容易导致能量过多、营养过剩,进而造成肥胖。

另外,有些青少年喜欢吃夜宵,晚上挑灯夜战而早晨不起床,并且有久坐的习惯,这些都是不健康的生活习惯,都容易引发肥胖问题。

因此,饮食结构和饮食习惯的不科学以及生活的不规律,是造成青少年肥胖的主要原因。

3. 缺乏运动

一般来看,越是肥胖越不想动,并且动起来越困难。因此,大多数肥胖青少年的运动量要比正常体重的青少年少得多。

一方面,青少年正处于求学的阶段,在肩负升学压力的情况下,会选择将尽可能多的时间投在学习上,无暇进行体育锻炼。另一方面,家长也为孩子的健康着想,给孩子补充过多的营养物质,导致孩子体内热量增多,营养过剩。另外,现在的出行越来越便利,短途的可以乘坐公交车和地铁,长途的可以乘坐汽车和飞机等,各种代步工具使得青少年需要进行的体力活动越来越少,进而容易导致青少年肥胖。

大量研究显示,运动能使身体形态发生变化。确切来讲,长期的有氧运动可以消耗体内的脂肪,使脂肪细胞面积减小,从而达到减脂瘦身的效果。因此,科学地进行运动锻炼,有利于青少年保持正常的体型和良好的健康状态。

(三)肥胖对青少年的危害

1. 肥胖对青少年身体健康的影响

首先,肥胖给身体增加了负担,使个体容易出现运动能力差、疲劳、胸闷气喘、睡眠质量下降以及下肢关节疼痛等不适症状。

其次,肥胖是造成内分泌和代谢紊乱的危险因素,也会严重损害心肺功能、心血管系统,并且对智力发育、身体生长有负面影响。

2. 肥胖对青少年心理健康的影响

首先,肥胖导致青少年行动笨拙、缓慢,肥胖青少年因此会担心在公共场合出丑,内心紧张、焦虑。

其次,肥胖影响外在形象,容易使青少年产生自卑、压抑等心理,形成内向、封闭的性格,影响正常的学习、工作和人际交往。其实这是一种对自我形象的错误认知。社会环境也对此有一些影响。在社会中,有些人对肥胖者存在偏见,歧视肥胖者甚至公开嘲讽肥胖者,使得肥胖者形成孤僻的性格,自信心和自尊心受到打击,出现打架斗殴、破坏公物等行为问题。美国最新研究显示,"抑郁症儿童"比正常儿童更加容易肥胖。

肥胖青少年处于青春期,内心敏感、叛逆,外在的环境对他们有很大的影响,所以学校和家庭应该尽量为青少年创造和谐的生长环境。

(四)肥胖青少年运动干预方法

根据中国知网对肥胖青少年干预方法等相关文献查询,现今大多数相关研究都采取单一的运动减肥方式、单一的营养饮食控制、按摩减肥或者采用简单的运动、饮食复合干预方法。在社会上盛行的减肥方式中,通过运动减肥的方式是最健康的方式,有利于青少年的生长发育,也有助于青少年增强体质。

1. 减肥运动的方式

用于降低体重的运动应以中等强度为主。如果体质较差,可以适当降低强度。减肥运动的方式主要有以下几种。

(1)各种球类运动、游戏和气功等都有减肥的功效。

(2)有氧舞蹈及健身操既是全身性活动,又可提高健身者的兴趣,易于坚持,但可能需要经费投入。

(3)游泳对减肥也有效果,每周3~4次,每次不少于20分钟。

(4)走和跑是非常简单而且效果尚佳的减肥运动方式,但是走跑运动较为枯燥,难以长时间坚持。

(5)坐位或卧位骑车,下肢不着地,膝关节负担轻,可调节运动量,在室内进行,但有久坐或久卧后体位不适以及固定体位运动的热传导差及枯燥等问题。

（6）每天在进行其他运动后增加跳绳练习 10 分钟,其效果相当于 500 米健身跑的功效,这种方式比较适用于体质较好的减肥者。

2. 减肥运动的时间

"冰冻三尺非一日之寒"。要想保持理想的身材,最好每天坚持运动。如果无法做到这一点,至少每周运动 3 次,每次运动持续 30~60 分钟,尽量不少于 40 分钟。运动中脂肪被调动起来得较慢,只有运动达到一定时间后,才会开始消耗脂肪。美国运动医学研究结果如下。

有氧运动前 15 分钟,由肌糖原供能为主。

15~20 分钟后才开始由脂肪提供部分能量,可见运动 20 分钟内基本不减脂肪。

运动 30~60 分钟时肌糖原和脂肪同时供能,脂肪供能达 40%~70%。

运动 60~90 分钟时,消耗的能量大部分由脂肪提供,脂肪供能所占比例可达 90% 以上。

减肥运动最好选择以下三个时间段。

（1）早餐前。人体的能量经过了一夜的消耗,到了早晨所剩无几。在早餐前进行运动,可以提高脂肪代谢的速度,这时候运动消耗的热量主要来自脂肪。需要注意的是,由于早餐前体内能量不足,因此应该注意控制好运动强度,否则可能出现下面一些问题。

第一,空腹运动时,胃部因为缺少糖分会产生脂肪酸,使胃液分泌旺盛,可能导致胃痛和十二指肠溃疡。

第二,空腹运动可能增加心脏和肝脏的负担,极易引发心率不齐,导致猝死,对于 50 岁以上的中老年人而言尤其要注意这一点。

第三,空腹运动可能导致结石病和低血糖。

因此,在早餐前,应先喝一杯温开水并吃少量高能食品,建议早晨锻炼不可起得太早,早餐时间也不宜晚于 8:30。

（2）晚餐前 2 小时。有人通过人体实验证明,晚饭前运动的减肥效果明显好于晚饭后运动的减肥效果。其机制主要有以下三种。

第一,晚饭前运动,脂肪会为运动提供部分能量,使人们较少地摄取含脂类、含糖类食物,进而减少能量的堆积。

第二,晚饭前运动,能促进身体机能的改善,提高脂肪的代谢速度。

第三,晚饭前运动,推迟了晚饭时间,使得饥饿期不容易在睡眠前发生,避免了睡前因饥饿而进食的可能,也调动了脂肪供能。

（3）晚餐后。晚餐后运动，可以消耗晚饭摄取的能量，防止吃饱后睡觉时能量的堆积，同时消耗掉一天多余的热量。

3. 减肥运动的强度

运动健身中需要注意的一个方面就是运动强度的控制，一般用运动中的心率来表示。每分钟心率等于 10 秒钟的脉搏乘以 6。参与体育运动的人们，一定要正视运动负荷的意义。运动的负荷一定要依据本人的实际能力而定，每次运动都竭尽所能并非正确方式。研究认为，心率稍低对机体影响较小，心率过高则易产生疲劳与运动伤病。

在有氧运动中，减肥运动的强度应为最大吸氧量（$VO_2 max$）的 50%～70% 或最大靶心率的 60%～70%（青少年可达 75%）。在此负荷强度范围内运动，脂肪氧化的绝对速率处于理想状态，即此时脂肪燃烧最快。最佳心率范围可参照表 4-1。

表 4-1　最佳心率范围指标

男	女	心率
21—30 岁	18—25 岁	150～160 次/分钟
31—40 岁	26—35 岁	140～150 次/分钟
41—50 岁	36—45 岁	130～140 次/分钟
51—60 岁	46—55 岁	120～130 次/分钟
61 岁以上	女 55 以上	100～120 次/分钟

（资料来源：郎朝春，2013）

二、心肺适能

心肺适能（Cardiorespiratory fitness，CRF）又称心肺耐力或有氧耐力，指一个人在某一特定运动强度下持续身体活动的能力，具体表现为心肺和血管向肌肉输送氧气和营养以及清除体内垃圾的能力。氧气是生物体存活必需的物质，并且在日常生活、身体活动中被消耗。个体所进行的体力活动越大，需要的氧气越多。只有氧气充足，才能进行有氧运动。氧气供给是否充足，取决于呼吸功能、氧运输系统、心脏的泵血功能和肌组织利用氧的能力。

心肺适能是机体持久工作的基础,被认为是健康体适能中最重要的因素。肺活量是心肺适能中比较常用且便于操作的指标,肺活量充分反映机体的心肺功能。

三、柔韧适能

柔韧适能(Lower back stretch flexibility)指人体关节在不同方向上的运动能力以及肌肉、韧带等软组织的伸展能力。柔韧性是提高运动能力的一个重要方面,可以改善肌肉的表现力,扩大关节的活动范围,降低运动损伤,延长运动寿命,使个体获得良好的运动效果。

由于生理结构的差异,柔韧性也存在性别的差异。一般而言,女子的肌纤维横截面积小而细长,发达有力的肌纤维只占总肌肉的一半,而男子的肌纤维横截面积较大。因此,女性的柔韧性比男性更好。

根据外部运动形式,柔韧适能分为动力性柔韧和静力性柔韧。动力性柔韧是指肌肉、肌腱、韧带根据动力性技术动作需要,拉伸到解剖学允许的最大限度的能力。静力性柔韧是指肌肉、肌腱、韧带根据静力性技术动作的需要,拉伸到动作所需要的位置角度,控制其停留一定时间所表现出来的能力。

根据完成练习的表现,柔韧适能分为主动柔韧性和被动柔韧性。主动柔韧性是人在主动运动中表现出来的柔韧素质水平。它不仅反映对抗肌的可伸展程度,也反映主动肌的收缩力量。被动柔韧性则是在一定外力协助下完成或在外力作用下表现出来的柔韧水平。

四、肌肉适能

肌肉适能(Muscular fitness)包括肌肉耐力适能(Muscular endurance)和肌肉力量适能(Muscular strength)。

肌肉耐力适能是指肌肉持续收缩对抗疲劳的能力,通常以静态运动负荷持续时间、动态等张收缩次数等表示。

肌肉力量适能是指肌肉收缩产生最大收缩力的能力,通常以等长、等张或等速运动条件下肌肉收缩克服和对抗阻力或做功功率的大小表示。

保持良好的肌力和肌耐力对于促进健康、预防伤病与提高工作效率有很大的帮助。当肌力和肌耐力衰退时,肌肉本身往往无法胜任日常活动及紧张的工作负荷,容易产生肌肉疲劳及疼痛现象。

第三节　青少年健康体适能常用干预手段

一、准备与放松手段

（1）大步跑，包括向前大步跑和向后大步跑。

第一，向前大步跑动作要领：距离 30～50 米，摆臂大步向前跑。

第二，向后大步跑动作要领：距离 30～50 米，摆臂大步向后跑，向后跑时眼睛不能向后看。

（2）侧滑步动作要领：双手打开放在体侧，膝关节弯曲，滑步 20～30 米跑回起点重复练习。侧滑步 180°转体动作要领：膝关节弯曲成半蹲姿势，向一侧滑两步后转体继续滑两步转体，交替进行。

（3）原地向上跳跃动作要领：原地向上跳跃多次，跳跃完成时膝关节伸直。

（4）行进间运动。

第一，行进间高抬腿与后踢腿组合动作要领：向前高抬腿两个再接后踢腿两个，交替进行。

第二，行进间换步跳动作要领：上体直立，双脚交替跳跃向前。

第三，行进间跳跃摆臂动作要领：身体放松，向前跳跃摆臂，双手同时向上抬起，抬腿时大腿放平。

第四，行进间提膝绕胯（向后）动作要领：向后撤步单脚支撑膝盖外展。

第五，行进间跳跃踢腿动作要领：向前移动跳跃抬脚，用一侧手摸到另外一只脚尖。

第六，行进间吸腿跳动作要领：向前移动跳跃，提膝摆臂，支撑腿脚前掌用力向下压。

（5）跳跃。

第一，双脚左右跳动作要领：以场地上某一条线为标志，脚与线平行，脚前掌着地两侧跳跃，32 次一组，跳两组。

第二，单脚左右跳动作要领：以场地上某一条线为标志，脚与线平行，单脚脚前掌着地两侧跳跃。

第三，双腿前后跳动作要领：以场地上某一条线为标志，脚与线垂直，脚前掌着地前后跳，32 次一组，跳两组。

第四，单脚前后跳动作要领：以场地上某一条线为标志，单脚与线垂直，脚前掌着地前后跳跃，32 次一组，跳两组。

第五,原地换步跳动作要领:以场地上某一条线为标志,脚与线垂直,两脚前后跳跃,32 次一组,跳两组。

二、心肺适能干预手段

终身有计划的锻炼对增强或维持心肺适能非常重要,尤其是在成年早期,年轻时的心肺适能越高,益处就越大。

此外,大量的流行病学和临床证据表明,在传统的风险因素中加入心肺适能可显著提高风险预测,因此美国心脏协会建议在常规临床期间对心肺适能进行评估,以改善患者的健康状况。

耐力训练是提高心肺功能一个非常有效的方式,可诱导心血管系统结构调整和代谢产生适应。耐力训练是改善心肺适能的首选干预手段。

抗阻训练也能促进线粒体的合成,从而改善工作肌肉内的氧提取,提高最大摄氧量。

常见的提高心肺功能的锻炼方式有步行、慢跑、骑自行车和游泳等。尽管运动负荷持续增加,但吸氧上限值不能进一步增加,可能主要受到最大供氧量的限制。一般来说,一周进行 2 次锻炼就可增强心肺功能,锻炼 3～5次就可使心肺功能达到最大适应水平。提高心肺功能最有效的锻炼时间为40～60 分钟/次。但是,运动时间也要根据青少年的体质进行调整。运动强度接近 50％的最大摄氧量时即可增强心肺功能,目前推荐的运动强度范围为 50％～85％的最大摄氧量。

三、柔韧适能干预手段

柔韧适能干预的对象主要包括腰部、胸腹部、腿部,具体如表 4-2 所示。

表 4-2　柔韧适能干预手段

腰部柔韧干预手段	俯卧转腰:俯卧在台子上,躯干上部伸出边缘之外悬空,颈后肩上扛一根木棍,双臂体侧展开固定木棍。呼气,尽量大幅度转动躯干,不同方向重复练习该动作。
	仰卧团身:在垫上仰卧,屈膝,双脚滑向臀部。双手扶在膝关节下部。呼气,双手向胸部和肩部牵拉双膝,并提起髋部离开垫子。
	站立体侧屈:双脚左右开立,双手交叉举过头顶向上伸臂。呼气,一侧耳朵贴在肩上,体侧屈至最大限度。
	倒立屈髋:身体由仰卧姿势开始成垂直倒立,头后部、肩部和上臂支撑体重,双手扶腰。呼气,双腿并拢,直膝,缓慢降低双脚高度直至接触地面。

胸腹部柔韧干预手段	俯卧背弓:俯卧在垫上,屈膝,脚跟向髋部移动。吸气,双手抓住踝。臀部肌肉收缩,提起胸部和双膝离开垫子。
	跪立背弓:在垫上跪立,脚尖向后。双手扶在臀上部,形成背弓,臀部肌肉收缩送髋。呼气,加大背弓,头后仰、张口,逐渐把双手滑向脚跟。
	上体俯卧撑起:俯卧。双手掌心向下、手指向前放在髋两侧。呼气,用双臂撑起上体,头后仰,形成背弓。
	开门拉胸:在一扇打开的门框内,双脚前后开立,双臂肘关节外展到肩的高度。双臂前臂向上,掌心对墙。呼气,身体前倾拉伸胸部。
腿部柔韧干预手段	坐压脚:跪在地面,脚趾向后。呼气,坐在双脚的脚跟上。
	垫上仰卧拉引:臀部坐在垫上跪立,后倒身体到躺在垫上,脚跟在大腿两侧,脚尖向后。身体后倒过程中呼气,直到背部平躺在垫上。
	坐立后仰腿折叠:坐立,一条腿屈膝折叠,大腿和膝内侧接触地面,脚尖向后。呼气,身体后仰,先由双臂的前臂和肘关节支撑上体,最后平躺地面。
	扶柱屈髋:在柱子前,双手握住柱子,双脚左右开立并尽量内旋。呼气,屈髋并后移髋关节,双腿与躯干形成约45°夹角。
	靠墙滑动踝内翻:背靠墙站立,双手叉腰,双脚向前滑动,踝关节和脚掌内翻。呼气,髋关节前屈。
	坐拉引:坐在地面,双腿体前伸展,双手在髋后部地面支撑。一条腿屈膝,用一只手抓住脚跟内侧。呼气,屈膝腿伸展,直到与地面垂直。
	仰卧拉伸:仰卧,直膝抬起一条腿,固定骨盆成水平姿势。同伴帮助固定地面腿保持直膝,并且帮助继续提腿。

(资料来源:郎朝春,2013)

四、肌肉适能干预手段

肌肉适能干预包括肌肉力量干预和肌肉耐力干预。

(一)肌肉力量干预

1. 颈部力量干预

颈部力量素质训练主要包括静力性对抗训练和负重训练两种,其具体的训练手段如表 4-3 所示。

表 4-3　颈部力量干预手段

干预手段	要求
头手倒立	锻炼者在墙壁前,缓慢屈臂成头手倒立,两手主要起维持平衡的作用,两脚轻轻靠放在墙壁上,以头支撑体重,坚持尽可能长的时间。
背桥练习	以脚和头着地支撑于地面,采用仰卧或俯卧姿势,腰腹部向上挺起,两手置于胸腹部,使身体反弓成"桥"或腹部向下,以额头(或头顶)和脚趾支撑于地面,臀部上提成"桥"。
负重训练	用一根绳子将重物悬挂在头上,两脚自然开立,上体前倾,背部挺直,两手分别支撑于膝关节的上部。按照不同的方向有节奏地活动颈部,使颈部前、后、左、右的肌群都能得到全面锻炼。

(资料来源:郎朝春,2013)

2. 肩部力量干预

肩部力量素质训练主要针对的是锁骨末端的三角肌的力量训练。肩部三角肌前部、侧部以及后部共同围绕起来在肩部形成一个圆球。具体训练手段如表 4-4 所示。

表 4-4　肩部力量干预手段

干预手段	要求
颈前推举	颈前推举主要是发展三角肌前束和斜方肌的肌力。具体可采用直立姿势或坐姿,两手握杠铃同肩宽,握杠于锁骨处,手臂垂直向上伸直推起。
颈后推举	颈后推举的主要目的是发展三角肌后束、冈上肌和肱三头肌的肌力。训练动作为两手握杠铃,约同肩宽,垂直上举至手臂伸直。

续表

干预手段	要求
头上推举	头上推举主要是发展三角肌、斜方肌、肱三头肌和前锯肌等肌群的力量素质。两脚自然站立,约同肩宽。两手各握哑铃,屈肘将哑铃置于肩上,两手正握杠铃,握距同肩宽,提铃至胸,将哑铃快速推举至头上方,或将杠铃快速推举至头上方,慢慢返回原位。
直臂前平举	直臂前平举主要是发展三角肌和斜方肌的力量素质。练习者自然站立(也可采用坐姿),上体挺直,两臂伸展正握杠铃,下垂于两大腿前。
直臂侧平举	直臂侧平举主要是发展三角肌和斜方肌的力量素质,练习者自然站立(也可采用坐姿),上体挺直,两手各持哑铃垂于体侧,两臂伸直侧平举,快上慢下,还原成预备姿势,反复进行。
侧斜卧侧平举	侧斜卧侧平举的主要目的是发展三角肌中束的肌力,在练习时,肘关节保持 $100°\sim200°$ 的弯曲,两侧交替进行,以利于三角肌中束的用力。
耸肩	锻炼斜方肌的方法是双手持杠铃或哑铃耸肩,都是以斜方肌收缩力量使两肩耸起接近耳侧。耸肩的方式有垂直耸、回转耸和斜后耸肩等。

(资料来源:郎朝春,2013)

3. 臂部力量干预

臂部力量素质训练能使锻炼者拥有强壮有力的前臂肌群,有利于提高握力、支撑力。臂部力量干预手段如表 4-5 所示。

表 4-5 臂部力量干预手段

干预手段	要求
仰卧撑	仰卧,两臂伸直,撑在约 50 厘米高的台上,屈臂,背部贴近高台,然后快速推起两臂伸直,连续做 $10\sim15$ 次。
坐姿弯举	两腿自然分开,坐在凳端,一手握哑铃,另一手掌于持哑铃手侧的膝关节上部,握哑铃的手臂充分伸展,将肘关节的上部置于膝关节处另一侧的手背上,上臂固定,慢速屈肘至胸前,然后再有控制地下放哑铃成预备姿势。

续表

干预手段	要求
坐姿腕屈伸	坐于长凳上,双脚置于地面,双脚间距略宽于肩,上体前倾,把前臂放于大腿或长凳上,正握杠铃,腕关节被动屈曲;向后弯举腕关节;还原成开始姿势。
站立屈臂举	两脚自然站立,两手反握杠铃,两臂伸展杠铃位于体前。两手握距可宽可窄。固定两肘,慢速屈臂将杠铃上举至胸前,然后有控制地慢慢放下杠铃,还原成预备姿势。
手腕屈伸负重训练	采用坐姿,两手反握杠铃或哑铃,前臂分别贴在两大腿上,手腕伸出位于膝关节外。手腕围绕额状轴以尽可能达到的动作幅度上下旋卷,手腕卷屈幅度尽量大;或者采用掌心向下的正握杠铃的方法进行手腕旋卷运动练习。
前臂旋内旋外负重训练	双脚自然开立,浅半蹲,两臂屈肘前伸位于体前,两手持重物,前臂有节奏地进行旋内旋外运动。
站立下拉	面向拉力器站立,双脚间距略宽于肩,双手正握拉力器握柄,肘部紧贴体侧;吸气;下拉,伸直双臂,不要使肘部离开体侧;还原成开始姿势。
仰卧臂屈伸	仰卧于长凳上,双脚置于地面,双臂伸直,双手间距约为肩宽,正手抓杠;屈肘,以肩为圆心,手臂为半径沿半圆运动轨迹缓慢下降杠铃,并尽量远地向头后部延伸;还原成开始姿势。
坐姿颈后臂屈伸	坐于长凳上,双脚置于地面,双脚间距略宽于肩,双手持哑铃置于颈后;小臂伸直上举,双臂伸直,将哑铃举至头的上方;以肘关节为支点,手臂下降杠铃片于脑后部。
体前臂屈伸	双膝微屈站立,双脚间距略宽于肩,上体前倾,手持杠铃,屈臂举杠铃至体侧屈肘90°;还原成开始姿势。
双臂屈伸	手握双杠,双脚并拢悬垂于地面,双臂伸直,支撑身体悬空;使身体下降至两杆间最低位置,双臂撑起;还原成开始姿势,动作完成时呼气。

(资料来源:郎朝春,2013)

4. 腹部力量干预

腹部力量干预主要是发展腹外斜肌、腹内斜肌、腹直肌和髂腰肌力量,充分利用腹肌的收缩来缩短骨盆底部至胸骨间的距离,具体干预手段如表 4-6 所示。

表 4-6　腹部力量干预手段

干预手段	要求
半仰卧起坐	平躺地上或练习凳上,两手持杠铃片置于头后,两足固定。上体向前上方卷起,同时两膝逐渐弯曲。用力吸气,放松呼气,收缩时停两秒。
仰卧起坐	仰卧在凳上或斜板上,两足固定,两手抱头,然后屈上体坐起,再还原,一次做 10～15 个,也可两手于颈后持杠铃片或其他重物负重训练。
仰卧举腿	仰卧于垫子上,两脚并拢两腿伸直,双手置于头后;或仰卧于斜板上,上体位于高端,两手抓握板端,身体伸展。两腿伸直双脚并拢,慢速上举,腿与上体折叠,使脚尖举至头后,然后慢速还原成预备姿势。
悬垂举腿	两手握距与肩同宽或稍宽于肩,正握单杠,两臂伸展,下肢自然放松,身体悬垂。然后依靠收腹的力量直腿上举,使脚腕触及单杠后再返回原位。
支撑举腿	两手直臂撑在双杠上,下肢放松,身体伸展。两腿伸直双脚并拢,收腹举腿至水平位,与上体成直角,然后再放下双腿,还原成预备姿势。
跪立收腹下拉	双膝跪地,抬头,双臂伸直,双手握拉杆置于正头上方,身体正直;双臂伸直,收腹用力向前下拉至动作最大幅度,动作进行时呼气;还原成开始姿势。
斜板仰卧举腿	仰卧于斜板上(斜板角度一般在 15°～45°之间),双腿并拢伸直,双手抓握横杠;直腿上举至动作最大幅度,保持 2～3 秒钟;缓慢还原成开始姿势。
负重转体	肩负杠铃双脚开立,双脚间距约为肩宽,双手间距宽于肩握杠铃,身体正直;慢慢扭转躯干,从一侧转向对侧,两侧交换重复练习。
健身盘转体	双脚并拢站于健身盘上,双手握扶捅,身体正直;向一侧扭转髋部,还原成开始姿势。

(资料来源:郎朝春,2013)

5.腿部力量干预

腿部力量是机体从事其他常见运动项目的基础。腿部力量干预手段如表 4-7 所示。

表 4-7　腿部力量干预手段

干预手段	要求
纵跳	身穿沙背心,带沙护腿,成半蹲姿势。两脚蹬地起跳,两臂上摆,腿充分蹬伸,头向上顶,缓冲落地后继续做。连续练习 10～15 次。
蛙跳	身穿沙背心,带沙护腿(也可不负重),全蹲。两脚蹬地,腿蹬直向前上方跳起,腾空后挺胸收腹,快速屈腿前摆,以双脚掌落地后不停顿地连续做 6～10 次。
跳深	先将 5～8 个高度为 70～100 厘米的跳箱盖纵向排好,每个跳箱盖横放,间距均为 1 米。练习者面对跳箱盖并腿站立,双脚同时用力跳上跳箱盖,紧接着向下跳,落地后立即又跳上第二个跳箱盖,紧接着向下跳,落地后立即又跳上第三个跳箱盖,连续跳上跳下 20～30 次。
下蹲腿后提铃	两脚自然开立下蹲,杠铃紧贴脚后跟处放置。两手正握杠铃,握距同肩宽,两臂和背部充分伸直。蹲起直臂提铃,成站立姿势,挺胸直背,杠铃处于臀部,然后还原成预备姿势。
负重深(半)蹲跳	双脚左右自然开立,肩负杠铃,双手正握杠铃扛于颈后,躯干挺直。屈膝半蹲快速蹬伸,髋膝踝充分伸展,向垂直方向跳起,落地时保持半蹲(半蹲跳)或深蹲(深蹲跳),紧接着快速蹬伸跳起。
下蹲起立	双脚开立,双脚间距为肩宽,两臂伸直于体侧,两手分别持杠铃;吸气,轻度挺胸收腹,下蹲至大腿与地面平行位置,返回起始位置,动作完成时呼气。
仰卧小腿屈伸	仰卧,两腿分开与肩同宽;小腿向上踢出,至膝盖伸直,缓慢回到起始位置。
俯卧腿屈伸	俯卧,两脚钩住横杠,两手握手柄;向上屈小腿,保持 2～3 秒钟;缓慢还原成开始姿势。
站立提踵	双脚前脚掌站在杠铃片上,双手扶在把杆上,身体正直;快速提踵尽可能提高脚后跟,双腿伸直;还原成开始姿势。

(资料来源:郎朝春,2013)

（二）肌肉耐力干预

肌肉耐力干预包括有氧耐力干预、无氧耐力干预和混合耐力干预，具体如表4-8所示。

表4-8 肌肉耐力干预

肌肉耐力类型	干预手段	要求
有氧耐力	定时定距跑	在场地或公路上做定时跑完固定距离的练习。
	重复跑	在跑道上进行，重复跑的距离、次数与强度也应根据专项任务与要求而定。一般重复跑距为600米、800米、1 000米、1 200米等。
	大步走、交叉步走或竞走	在场地、公路或其他自然环境中做大步快走、交叉步走或几种走交替进行。每组1 000米左右，4～6组。
	越野跑	在公路、树林、草地、山坡等场地跑步，距离一般在4 000米以上，有时甚至可达10 000～20 000米。
无氧耐力	原地或行进间间歇车轮跑	每组50～70次，6～8组，组间歇2～4分钟。
	间歇后蹬跑	每组30～40次或60～80米，重复6～8次，间歇2～3分钟。
	高抬腿跑转加速跑	行进间高抬腿跑20米左右转加速跑80米。重复5～8次，间歇2～4分钟。
	原地间歇高抬腿跑	发展非乳酸性无氧耐力，做每组5秒、10秒、30秒钟快速高抬腿练习，做6～8组，间歇2～3分钟。发展乳酸性无氧耐力，做1分钟练习，或100～150次为一组，6～8组，每组间歇2～4分钟。
	间歇接力跑	跑道上，四人成两组，相距200米站立，听口令起跑，每人跑200米交接棒。每人重复8～10次。
	间歇行进间跑	跑距为30米、60米、80米、100米等，计时进行。每组2～3次，重复3～4组，每一次间歇2分钟，组间歇3～5分钟。
	反复超赶跑	在田径场跑道或公路上，10人左右成纵队慢跑或中等速度跑，听口令后，排尾加速跑至排头。每人重复循环6～8次。

续表

混合耐力	反复跑	每组反复跑 150 米、250 米、500 米之间距离 4～5 次。每组练习之间休息约 20 分钟。要求以预定的时间跑完全程。
	间歇快跑	以接近 100% 强度跑完 100 米后,接着慢跑 1 分钟,间歇练习。快慢方式对照组成一组。反复训练 10～30 组。
	短距离重复跑	采用 300～600 米距离,每次练习强度为 80%～90%,进行反复跑。

(资料来源:郎朝春,2013)

第四节　青少年运动处方的制定、实施与监控

一、青少年运动处方的制定

(一)运动处方制定的步骤

运动处方的制定包括三个步骤,即健康调查与评价、运动试验和体质测试。

1. 了解运动者的健康状况

(1)了解运动者的个人病史、家族病史及当前的健康状况。

(2)了解运动者的运动经历、运动爱好。

(3)了解运动者的运动目的。

(4)了解运动者所处的生活环境。

2. 运动试验

一般来说,运动试验主要应用于以下范围。

(1)增强运动处方的效度。

(2)测量运动者的体能素质。

(3)了解运动者心脏的功能。

(4)发现运动诱发的心律失常。

(5)评价康复治疗效果。

3. 体质测试

体质测试是运动处方制定的重要依据。体质测试的主要内容和方法如表 4-9 所示。

表 4-9 体质测试的主要内容和方法

体质测试的主要内容	体质测试的主要方法
运动系统测试	手法肌力测试:让受试者在适当的位置,肌肉做最大的收缩,使关节远端做自下向上的运动,同时由测试者施加阻力或助力,以此来观察受试者对抗地心引力或阻力的情况。
	围度测试:根据肌肉力量的大小与肌肉的生理横断面有关的生理常识来测试肌肉力量。这种测试的指标主要有上臂围度、前臂围度、大腿围度、小腿围度、髌骨上 5 厘米的围度、髌骨上 10 厘米的围度等。
心血管系统测试	测试的指标主要有心率、血压、心电图等。
呼吸系统测试	该测试主要包括肺活量测定、通气功能检查、呼出气体分析、屏气试验、日常生活能力评定等。
有氧耐力测验	该测验主要包括走、跑、游泳三种方式,目前以定运动时间的耐力跑和定运动距离的耐力跑较为普遍。

(资料来源:郎朝春,2013)

(二)运动处方制定的范例

确定运动强度是运动处方制定过程中较为困难的一部分,一般认为最佳锻炼效果是完成人体最大做功的 60%～70%,国际上通常采用的最佳运动心率计算公式为(220-年龄)乘以 65%～85%。运动的持续时间由运动强度决定,运动强度越大,持续时间越短。例如,某大学生 21 岁,早晨空腹测量身高 186 厘米,体重 87.5 千克,体重指数 26.8,属于超重水平,安静状态心率为 51 次每分钟,现制定以下运动处方:十分钟心率 140～150 次/分的有氧氧化供能的运动;进入无氧运动,以大肌群的离心收缩、向心收缩、等长收缩为主要运动手段,以胸、背、肩和腿四个大肌群为主要练习部位;总共四个训练周期,每个周期训练四天,每训练一天休息一天。

二、青少年运动处方的实施

运动处方的实施一般包括三个部分,即准备活动部分、基本活动部分和整理活动部分。

（1）准备活动部分一般包括有氧运动和伸展性体操，如步行、慢跑、徒手操、太极拳等，时间为5～15分钟不等。它能使运动者的身体逐渐从安静状态进入运动状态，逐渐适应运动强度较大的运动，避免内脏器官系统因突然承受较大运动负荷而出现意外，以及避免运动器官的损伤。

（2）基本活动部分是运动处方中的核心内容，运动内容、运动强度和运动时间等都应该遵守相应的规定。

（3）整理活动部分发生于运动结束后，以散步、放松体操、自我按摩等较为常见，避免因突然停止运动而引起身体的不适，目的在于促进运动机体的有效恢复。

三、青少年运动处方的监控

青少年参加运动难免会产生疲劳感，适度疲劳可以增强机体的功能，但过度疲劳会损害身体。因此，对运动处方的监控很有必要，一般以自我监督和医务监督两种方式为主。

（一）自我监督

青少年自我监督的具体内容如表4-10所示。

表4-10　自我监督

姓名	填写日期		年　月　日
主观感觉	运动心情	渴望锻炼	一般	讨厌锻炼
	自我感觉	良好	一般	疲劳
	睡眠	良好	一般	差
	食欲	良好	一般	差
	出汗量	一般	增多	夜间出冷汗
客观检查	脉搏		
	体重		

（资料来源：郎朝春，2013）

（二）医务监督

有较严重疾病的患者，须在有医生指导或有医务监督的条件下进行运动。例如，对心脏病患者实施运动处方时，应具有心电监测条件和抢救条件。

第五章 青少年运动功能训练与管理

运动功能训练是为适应职业体育发展而诞生的一种新型训练理论与方法体系,它与传统的体能训练和医学领域的康复训练有本质差异。本章主要围绕青少年运动功能训练与管理展开分析。

第一节 身体运动功能训练的理念与原则

一、身体运动功能训练的理念

对于传统的体能训练来说,开展单一方向的、单关节的、时效性较低的以及有序的训练是其重要理念。但是,对于身体运动功能的训练而言,其主要宗旨是为运动员提供最好的服务,整合各种资源,预防运动损伤,提高运动成绩。需要特别注意的是,在提高运动员运动成绩的同时,不可忽视对其运动寿命的延续。如果条件允许,相关体育组织应该为达到预期的目标制定科学、合理的策略训练计划,以便运动功能训练有效开展。这里通过表5-1对传统体能训练与身体运动功能训练的差异进行比较,使读者更好地理解身体运动功能训练的理念。

表 5-1 传统体能训练与身体运动功能训练的差异

传统体能训练	身体运动功能训练
多即好	强调运动质量,追求训练的效果好才是真的好
大运动量、大强度:过度训练,运动损伤(70%)	系统解决方案:较小运动量,高质量;减少运动损伤70%
缩短了运动寿命	更长的运动寿命

续表

传统体能训练	身体运动功能训练
一般化、非针对性训练：方法来自举重、田径等	个性化：方法来自专项"动作模式"
通过比赛进行检测	定期进行测试和评价
自我恢复	能量再生与恢复
大—中—小周期训练计划	每天都完成：一日计划

（资料来源：尹军、袁守龙，2015）

　　具体来说，身体运动功能训练的理念注重的是动作质量而非肌肉的力量，其目的是保证运动员能在比赛中更好地展现运动技能。可以说，身体运动功能训练是为多角度、多关节、无轨迹、无序的场上所需动作而设计的模式。在设计运动系统的过程中，身体运动功能训练将哲学、方法学、战术训练等融合起来，构成一个整体，在不同训练系统中实现了整合与协调。训练具体涉及训练的程序、技能以及思路。对于解剖部位来说，身体运动功能训练更注重训练躯干部位与各关节周围的肌肉。从生理功能角度来说，身体运动功能训练更注重稳定与平衡，更强调辅助肌群的固定作用和颉颃肌的适宜对抗作用，更关注神经对肌肉的支配能力。从作用上说，身体运动功能训练注重的力量属于"柔性力量"，其不能直接提高单块肌肉的收缩速度或力值，而是通过肢体稳定性的加强，主动肌与辅助肌、颉颃肌之间协作能力的提高，以及神经—肌肉支配能力的改善，改善某一动作在不同环节之间的衔接，动作与动作之间的配合，以及整套技术动作的节奏感与流畅度，从而提高多块肌肉参与完成的整体力量。表5-2是对传统力量训练与身体运动功能力量训练的动作比较。

表5-2　传统力量训练与身体运动功能力量训练的动作比较

传统力量训练方式与特点	身体运动功能力量训练方式与特点
重量训练和次数	重量减轻
单关节单轨迹练习动作	多关节多维化练习动作
经常用稳定的外部支撑	募集身体更多的控制稳定和平衡的肌肉参与运动

（资料来源：尹军、袁守龙，2015）

二、身体运动功能训练的原则

(一)最优化原则

对于身体运动功能训练方法的设计,应根据人类生长发育过程中的规律,联系人体功能解剖的结构理论以及运动生物力学的原理,借助一定的动作模式训练来提升神经系统对身体稳定性、灵活性的控制能力(图 5-1)。

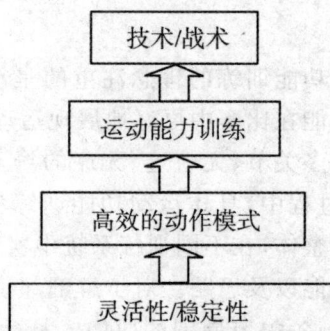

图 5-1 运动技能形成最优化模型

(资料来源:尹军、袁守龙,2015)

运动功能训练中的动作筛查、动作准备、动力链训练、核心柱力量和恢复再生等,是身体运动功能训练的关键。增强运动员的专项能力,降低其伤病的概率,提高其赛场竞技的表现力,是运动员身体运动功能训练的重要目标。大量实践表明,提高动作速度的重要基础就是力量,关键在于对神经肌肉节点的训练,因此应特别注重对运动员功能性力量的训练。

(二)循序渐进原则

在训练身体运动功能的过程中,必须遵循循序渐进的原则。也就是说,运动员在训练时的动作结构要遵循由易到难,数量由少到多,负荷强度由小到大,训练时间由短到长的顺序。循序渐进不仅要以年度训练为单位,而且要体现在季度和周期训练中。但是,在每次训练之前,应考虑此次训练与前一次训练的对应性,以及与下一次训练的衔接问题。由适应性的基本规律可知,有机体对一个恒定不变的刺激会出现反应下降的表现,即运动员在长时间内使用相同的练习方法和训练负荷,会大大降低其训练的效率。

因此,在训练负荷等因素的长期刺激下,运动员的各个器官和系统所产生的结构与机能变化将逐步达到比赛所需要的运动能力,并且按照刺激—反应—适应—提高—再刺激—再反应的顺序,不断提升运动能力与适应性。影响运动员循序渐进进行训练的关键是系统性,其具体体现为训练方法、手段和训练负荷变化的系统性、适应高强度训练的系统性以及训练水平逐步提高的系统性。

(三)无疼痛训练原则

运动员带伤进行训练容易产生代偿动作,影响其原有技术动力定型,产生动作变形,所以身体运动功能训练要遵循无疼痛训练原则。身体运动功能训练要以运动功能动作筛查为切入点,以动作模式训练为核心,以提高动力链传递效能为目标。运动功能动作筛查的目的是确定运动功能障碍,找到要消除的疼痛部位或损伤点,然后制定消除运动功能障碍的方法和手段,其是身体运动功能训练的逻辑起点。动作模式训练是以增强神经对肌肉的控制为前提,通过一系列单一的或组合的动作训练,逐渐提升关节的稳定性和灵活性,从而提升单个动作的稳定性并消除代偿动作,最终提高动力链传递效能。

(四)动作规范原则

如果运动只是为了完成教练制定的训练计划,而忽视动作的规范性,这种只注重练习数量的累积而不关注质量的训练,就会导致代偿性动作以及大量的无效训练,降低肌肉完成技术动作的经济性和实效性,甚至造成运动损伤等,影响运动员在比赛中的发挥。因此,在平时的训练中,运动员就要注重动作的规范性,及时纠正错误的动作。换句话说,身体运动功能训练强调的是完成动作的质量和动作实效性,而非肌肉力量的训练。实际上,对运动员肌肉力量的训练,在赛场上是无法将所需动作表现出来的,但动作模式训练能在比赛时将所需的肌肉力量展现出来。

(五)创新原则

当今,社会各个领域都涌现了许多新的研究成果与方法,身体运动功能训练的方法也进行了更新,训练理念、训练器材、设备、仪器等方面都发生了很大变化。EXOS科研开发的负责人丹尼斯(Dennis)指出,他们的多数研究都是在特定环境中完成的,那些研究所需要的环境与运动员的训练环境完全不一样,但是在真正更新方法之前,需要在实验室中对科研人员、实习生运动员进行反复实验,然后逐步在运动员身上进行实验,观察其是否有效果。三部分的实验结果都获得良好效果之后,他们才会将这些新方法应用到高水平运动员身上。例如,EXOS 做的与神经科学有关的实验训练(在训练馆的黑色房间),研究动作模式对神经反应快慢的实验,不但是开发新型动作模式的研究,而且是实验方法更新的研究。另外,EXOS 特别注重试验的连续性。例如,他们在研究激素与训练之间的关系时,根据研究成果报道这类实验需要 16 周的激素反应期,但是文献报道中并没有详细信息(如运动对激素分泌的影响)。为此,EXOS 根据实习生的实习时间为 16 周这一特定时间段,开展了 16 周的实验训练。最后,根据实验结果为需要实施激素治疗的运动员制定一个 8 周的训练计划(因为大部分运动员只能在训练中心待 8 周),保证了新方法应用的可靠性与实用性。

第二节　青少年身体运动功能训练的内容与方法

一、运动损伤预防训练

(一)肌肉激活

1. 臀肌激活

(1)蹲起。

①下蹲。直立,两脚开立,脚尖朝前,与肩同宽,挺胸收腹,两臂自然下垂;下蹲,膝关节不要超过脚尖,大腿与地面平行,双手前并举。练习 2~3 组,每组做 8~10 次,组间间歇 45 秒。

②箭步蹲起。两脚前后站立,双脚内测成一条直线,髋部朝前,双手叉腰;下蹲,膝关节不要内扣,髋部不要旋转,大小腿成 90°。练习 2~3 组,每组做 8~10 次,组间间歇 45 秒。两腿交替进行练习。

③侧弓步蹲起。两脚开立约两肩宽,脚尖朝前;右侧腿下蹲,双手前举,右腿大腿与地面平行,膝关节不要超过脚尖。练习 2~3 组,每组做 8~10 次,组间间歇 45 秒。两腿交替进行练习。

④屈髋蹲起。两脚开立略比肩宽,脚尖朝前,挺胸收腹,两臂自然下垂;下蹲,膝关节不要超过脚尖,大腿与地面平行,腰部保持挺直,向前做鞠躬动作。下额微收。练习 2~3 组,每组做 8~10 次,组间间歇 45 秒。

⑤侧向靠墙蹲起。单手扶墙,左腿支撑站立,右腿屈膝,身体斜对墙面;下蹲的同时手推墙,支撑腿弯曲成135°。练习2～3组,每组做8～10次,组间间歇45秒。两腿交替进行练习。

(2)两腿开合运动。

①屈腿蚌式开合。侧卧于垫上,双手自然前伸,双腿屈膝并拢;髋部保持固定,左腿膝关节缓慢外展。练习2～3组,每组做8～10次,组间间歇45秒。两腿交替进行练习。

②直腿蚌式开合。侧卧于垫上,双手自然前伸,双腿自然伸直并拢;髋部保持固定,左腿直腿缓慢侧举。练习2～3组,每组做8～10次,组间间歇45秒。两腿交替进行练习。

③俯卧腿后伸。俯撑于垫上,膝关节成90°,腰背挺直;髋部保持固定,左腿缓慢向后上方抬起。练习2～3组,每组做8～10次,组间间歇45秒。两腿交替进行练习。

④俯卧屈腿外展。俯撑于垫上,膝关节成90°,腰背挺直;髋部保持固定,左腿屈膝外展。练习2～3组,每组做8～10次,组间间歇45秒。两腿交替进行练习。

⑤仰卧挺髋。仰卧于垫上,双手置于胸前,膝关节弯曲约成90°,两脚跟着地,脚尖勾起;髋部向上挺。练习2～3组,每组做8～10次,组间间歇45秒。

⑥剪刀式抬腿。仰卧于垫上,双手自然前伸,双脚成剪刀式展开;髋部固定,左腿缓慢抬起。练习2～3组,每组做8～10次,组间间歇45秒。两腿交替进行练习。

⑦剪刀式绕环。侧卧于垫上,双手自然前伸,双脚成剪刀式展开;髋部保持固定,左腿缓慢抬起,做顺时针或逆时针悬空绕环运动。练习2～3组,每组做8～10次,组间间歇45秒。两腿交替进行练习。

(3)迷你带练习。

①迷你带蹲起。两脚开立略比肩宽,脚尖朝前,挺胸收腹,两臂自然下垂,将迷你带套在膝关节上方;下蹲的同时两手前平举,膝关节不要超过脚尖,大腿与地面平行。练习2～3组,每组做8～10次,组间间歇45秒。

②单腿外展。两脚开立略比肩宽,脚尖朝前,挺胸收腹,两臂自然下垂,将迷你带套在踝关节上方;左腿外展,两腿夹角30°,身体保持直立,不要前倾或侧倾。练习2～3组,每组做8～10次,组间间歇45秒。两腿交替进行练习。

③单腿后伸。两脚开立略比肩宽,脚尖朝前,挺胸收腹,两臂自然下垂,将迷你带套在踝关节上方;右腿后伸,身体保持直立,不要出现前倾或

侧倾现象。练习 2~3 组,每组做 8~10 次,组间间歇 45 秒。两腿交替进行练习。

④单腿站立屈腿外旋。两脚开立略比肩宽,脚尖朝前,挺胸收腹,两臂自然下垂,将迷你带套在踝关节上方;右腿后伸,身体保持直立,不要出现前倾或侧倾现象。练习 2~3 组,每组做 8~10 次,组间间歇 45 秒。两腿交替进行练习。

⑤侧向移动。两脚开立略比肩宽,脚尖朝前;右脚蹬地,左脚向左侧移动,两脚约一肩半宽,手臂自然摆动,膝关节不要外展或内扣。练习 2~3 组,每组做 8~10 次,组间间歇 45 秒。两腿交替进行练习。

(4)跳跃练习。

①下蹲转单腿站立。两脚开立略比肩宽,屈膝半蹲,膝关节不要超过脚尖,臀部后坐;左腿收起,由两腿半蹲改为右腿支撑站立,两腿交替进行练习。练习 2~3 组,每组做 8~10 次,组间间歇 45 秒。

②左右跨步跳。两腿开立略比肩宽,膝关节微屈,躯干微前倾;右腿向右跨步,左腿跟上并向后抬起,双臂自然摆动,左右腿交替进行。练习 2~3 组,每组做 8~10 次,组间间歇 45 秒。

③原地登山。俯撑于垫上,身体成一条直线;左腿抬起,大腿尽量贴近腹部,同时身体重心不能起伏,左右腿交替进行,练习 2~3 组,每组做 8~10 次,组间间歇 45 秒。

④侧向加速移动。两脚开立略比肩宽,膝关节微屈,躯干微前倾,腰部挺直;右腿向右侧迅速跨出两步,左腿跟上并点地,上体姿势保持稳定,两臂自然摆动,左右腿交替进行。练习 2~3 组,每组做 8~10 次,组间间歇 45 秒。

2. 脊椎激活

(1)前链。

①平板支撑。以双肘双脚着地支撑身体,身体成一条直线并保持稳定。练习 2~3 组,每组做 60~90 秒,组间间歇 45 秒。

②海鸥式。在平板支撑的基础上,左臂外展,与躯干约成 90°,身体保持稳定,骨盆无旋转,左右手交替进行。练习 2~3 组,每组做 8~10 次,组间间歇 45 秒。两臂交替进行练习。

③船式。俯卧于地面,肩关节外展,屈曲成 90°,下肢伸直,头部和胸部抬起,下肢直腿后抬,臀部和膝关节保持夹紧姿势,身体保持稳定。练习 2~3 组,每组做 8~10 次,组间间歇 45 秒。

（2）后链。

①挺髋。侧卧于垫上，单腿、单肘撑于地面，身体成一条直线；肩关节外展 90°打开，身体无旋转，靠近地面一侧躯干保持一条直线。练习 2~3 组，每组做 60~90 秒，组间间歇 45 秒。两侧交替进行练习。

②躯干侧抬起。侧卧于垫上，身体成一条直线，双手叠于体侧，侧屈躯干，上半身抬起，同时双手尽量触碰膝关节。练习 2~3 组，每组做 8~10 次，组间间歇 45 秒。两侧交替进行练习。

（3）侧链——侧卧手触脚。侧卧于垫上，两臂伸直与身体成一条直线；左臂外展，同时左腿外展，手尽量触碰脚踝。练习 2~3 组，每组做 8~10 次，组间间歇 45 秒。两侧交替进行练习。

（4）转动。

①异侧伸展。俯撑于垫上，膝关节屈成 90°，腰背挺直；左手和右腿缓慢伸开，身体保持稳定，再用左肘碰右膝。练习 2~3 组，每组做 8~10 次，组间间歇 45 秒。两侧交替进行练习。

②仰卧转髋。仰卧于垫上，两臂置于体侧，两腿并拢，膝关节弯曲成 90°；缓慢向左、向右转髋。练习 2~3 组，每组做 8~10 次，组间间歇 45 秒。

③单臂侧撑。两脚分开比肩宽，成俯撑姿势，左臂向上抬起并伸直，两臂交替进行练习。练习 2~3 组，每组做 8~10 次，组间间歇 45 秒。

④俯卧交叉抬腿。俯卧于垫上，两手屈臂打开，缓慢向后上方交叉抬腿，髋关节保持稳定。练习 2~3 组，每组做 8~10 次，组间间歇 45 秒。

（二）动态拉伸

1. 上肢拉伸

（1）三角肌拉伸。

①三角肌前、中束拉伸。将直径为 5 厘米的毛巾放于腋下，手背身后，肘关节弯曲，另一只手握住背后手的腕关节；将背后的手向反方向拉伸，躯干不得侧弯。练习 1~2 组，每组做 6~8 次，组间间歇 45 秒。两手交替进行练习。

②三角肌后束拉伸。两脚开立与肩同宽，右手向前伸直，拇指向下，左臂屈肘卡住右臂的肘关节并向左肩方向拉，双肩保持水平。练习 1~2 组，每组做 6~8 次，组间间歇 45 秒。两手交替进行练习。

（2）肩内旋肌群拉伸。两腿开立与肩同宽，两手分别握住毛巾的两端并置于体后，左手在上、右手在下；右手用力将毛巾向下拉，躯干保持直立。练习 1~2 组，每组做 6~8 次，组间间歇 45 秒。两手交替进行练习。

（3）肩外旋肌群拉伸。两腿开立与肩同宽，两手分别握住毛巾的两端并置于体后,右手在上、左手在下;右手用力将毛巾向上拉,躯干保持直立。练习1~2组,每组做6~8次,组间间歇45秒。两手交替进行练习。

(4)肱二头肌拉伸。两脚开立与肩同宽,两臂伸直置于体侧,手臂与躯干的夹角约为20°,掌心向后;两臂向斜后方后伸,同时前臂旋内,肘关节保持伸直。练习1~2组,每组做6~8次,组间间歇45秒。

(5)肱三头肌拉伸。坐于垫上(或站立),躯干保持挺直,右臂上举,肘关节弯曲,小臂置于头后;左手上举屈肘并握住右臂的肘关节,然后向后下方拉伸,右臂的肘关节尽量弯曲。练习1~2组,每组做6~8次,组间间歇45秒。两手交替进行练习。

(6)前臂屈肌群拉伸。两脚开立与肩同宽,右手前伸,掌心向上,左手握住右手的手掌并向后下方拉伸,肘关节保持伸直。练习1~2组,每组做6~8次,组间间歇45秒。两手交替进行练习。

(7)前臂伸展肌群拉伸。两脚开立与肩同宽,右手前伸,掌心向下,左手握住右手的手背并向后下方拉伸。练习1~2组,每组做6~8次,组间间歇45秒。两手交替进行练习。

2. 躯干拉伸

(1)背阔肌拉伸。盘坐于垫上,左臂伸直置于颈侧,右手握住左臂的肘关节;右手用力将左臂向反方向拉伸,同时身体向同侧弯曲,下肢保持盘坐姿势。练习1~2组,每组做6~8次,组间间歇45秒。两手交替进行练习。

(2)躯干侧部肌群拉伸。两脚开立略比肩宽,双手交叉抱头,两臂肘关节外展;身体向左侧弯曲至最大幅度,充分拉伸躯干侧部肌群,左右侧交替进行。练习1~2组,每组做6~8次,组间间歇45秒。

(3)脊柱周围肌肉拉伸。两脚开立略比肩宽,双手交叉抱头,两臂肘关节外展;身体以脊柱为轴向左后方转动至最大幅度,两脚保持不动,充分拉伸脊柱周围肌肉,左右侧交替进行。练习1~2组,每组做6~8次,组间间歇45秒。

3. 下肢拉伸

(1)抬腿提踵。两脚并拢,身体直立,两臂自然置于体侧;左腿向前迈步并屈膝半蹲,右腿跟上提膝,双手抱膝,大腿尽量向胸部靠拢,左脚提踵。躯干保持正直,动作幅度逐渐增加,充分拉伸臀部肌肉,增加髋关节活动幅度,激活踝关节小肌群,提高踝关节的平衡性和稳定性。练习1~2组,每组做6~8次,组间间歇45秒。两腿交替进行练习。

（2）屈膝提踵。两脚并拢，身体直立，两臂自然置于体侧；左腿向前迈步并屈膝半蹲，右手握住右脚脚背，两腿膝关节尽量靠近，左腿提踵，左臂上举，左侧的肩、髋、膝、踝成一条直线，从而拉伸大腿前群肌肉，激活踝关节小肌群，提高踝关节的平衡性和稳定性。练习1～2组，每组做6～8次，组间间歇45秒。两腿交替进行练习。

（3）弓步下蹲。两脚并拢，身体直立，双手交叉抱头；右腿屈膝向前跨步并下蹲成弓步姿势，上体正直，两腿的膝关节约成90°角，右腿膝关节不要超过脚尖，髋关节保持稳定。练习1～2组，每组做6～8次，组间间歇45秒。两腿交替进行练习，并在此基础上做转体练习。

（4）弓步体前屈。从站立姿势开始，左腿向前跨步成弓步姿势，大腿与地面平行，小腿垂直于地面，膝盖不要超过脚尖；上体前倾，右手撑地，左臂肘关节于左脚内侧下压并尽量接近地面。右腿向前一步，重复动作。练习1～2组，每组做6～8次，组间间歇45秒。左右腿交替进行。

（5）爬行走。从站立姿势开始，两膝伸直成体前屈，两脚保持固定，两手交替向前爬行，当双手向前爬行至最远处成俯撑姿势时，停顿3～5秒，然后两手保持固定，两脚踝关节做有弹性的小步走，并向两手靠拢，充分拉伸大腿后侧肌肉，激活上肢和躯干肌群。练习1～2组，每组做6～8次，组间间歇45秒。练习时躯干保持正直，双腿伸直。

（6）前后摆腿。右手扶固定物体，左腿支撑，右腿前后摆动，躯干尽量保持正直，支撑腿保持伸直，动作幅度逐渐加大，以提高髋关节的活动范围。练习1～2组，每组做6～8次，组间间歇45秒。练习时躯干保持正直，双腿伸直。

（7）横向摆腿。双手扶固定物体，左腿支撑，右腿左右摆动，躯干保持正直，侧踢时支撑腿伸直且脚跟离地，动作幅度逐渐增加。练习1～2组，每组做6～8次，组间间歇45秒。左右腿交替进行。

（8）前弓步拉伸。站立姿势开始，右腿向前跨步成弓步姿势，右腿膝关节约成90°，右臂置于体侧，左臂上举，上体向右侧拉伸，左腿膝关节不要着地。侧向拉伸的幅度要适宜，不要做过度拉伸。练习1～2组，每组做6～8次，组间间歇45秒。两腿交替进行练习。还可以做向后拉伸练习，右手尽量触摸左脚脚跟。

（9）后撤步跪撑。站立姿势开始，左脚向右侧后方跨小半步，两腿成交叉步姿势，双脚保持固定，然后两腿膝关节弯曲下蹲，充分拉伸臀大肌。练习1～2组，每组做6～8次，组间间歇45秒。两腿交替进行练习。

（三）神经系统激活

1. 双脚快速交替踏步

两脚开立略比肩宽，两臂前伸（屈臂），上体略前倾，膝关节弯曲成120°左右，膝盖与脚尖处于同一垂直面内；臀大肌收紧，双脚快速交替踏步，身体重心保持稳定。练习2～3组，每组做5～10秒，组间间歇30秒。

练习方式也可以按照原地、前后、左右等多方向进行。练习时脚掌必须离开地面但不宜抬得过高，踏步的动作频率要尽可能快，也可采用踏步频率与摆臂频率不同步的方式进行。

2. 双脚快速前后踏跳

踏步过程中做前后的快速踏跳，动作频率要尽可能快，膝盖不要超过脚尖垂直面，体验臀大肌用力的感觉。练习2～3组，每组做5～10秒，组间间歇30秒。

3. 双脚踏步左右跳

两脚开立略比肩宽，两臂前伸，上体略前倾，膝关节弯曲成120°左右，膝盖与脚尖处于同一垂直面内；臀大肌收紧，双脚快速左右跳。跳的过程中做左右快速移动，动作频率要尽可能快，体验臀大肌用力的感觉。练习2～3组，每组做5～10秒，组间间歇30秒。

4. 双脚快速同时踏步

两脚开立略比肩宽，两臂前伸（屈臂），上体略前倾，膝关节弯曲成120°左右，膝盖与脚尖处于同一垂直面内；两脚快速同时踏步，同时两臂做与下肢不同频率的前后摆动，躯干保持稳定。练习2～3组，每组做5～10秒，组间间歇30秒。

该练习可以根据具体情况做原地、前后、左右及多方向的移动，脚步移动尽可能快，双臂摆动尽可能慢。

5. 快速转髋

两脚开立略比肩宽，两臂前伸（屈臂），上体略前倾，膝关节弯曲成120°左右，膝盖与脚尖处于同一垂直面内；躯干保持稳定，两脚快速蹬地、转髋，保持一脚在前、一脚在后的姿势，两脚依次交替轮换。练习2～3组，每组做5～10秒，组间间歇30秒。练习时上体保持稳定，臀大肌收紧，髋关节在转动过程中躯干要注意保持固定姿势，不要出现左右转腰动作。

二、快速伸缩复合力量训练

(一)跳深与跳箱训练

1. 跳深训练

(1)双脚跳跃。

①双脚跳箱。从高度为 60～120 厘米的跳箱或台阶上跳下,落地时膝关节成半蹲姿势,然后快速向上跳起。练习 3～5 组,每组做 8～12 次,组间间歇 30 秒。

②双脚前跳。从高度为 60～120 厘米的跳箱或台阶上向前跳下,落地时膝关节成半深蹲姿势,然后快速向前跳起。练习 3～5 组,每组做 8～12 次,组间间歇 30 秒。

③双脚跳越栏架。从高度为 60～120 厘米的跳箱或台阶上向前跳下,落地时膝关节成半蹲姿势,然后快速向前跳越离跳箱或台阶 1 米远的栏架。练习 3～5 组,每组做 8～12 次,组间间歇 30 秒。

④双脚左右跳。从高度为 60～120 厘米的跳箱或台阶上向前跳下,落地时膝关节成半蹲姿势,然后快速向左跳起,落地缓冲成半蹲姿势,左右交替进行。练习 3～5 组,每组做 8～12 次,组间间歇 30 秒。

⑤双脚左右前跳。从高度为 60～120 厘米的跳箱或台阶上向前跳下,落地时膝关节成半蹲姿势,然后快速向左跳起,落地缓冲成半蹲姿势后再继续快速向前跳起,落地缓冲成半蹲姿势,左右交替进行。练习 3～5 组,每组做 6～12 次,组间间歇 30 秒。

⑥双脚左右跳越栏架。从高度为 60～120 厘米的跳箱或台阶上向前跳下,落地时膝关节成半蹲姿势,然后快速向左跳起,落地缓冲成半蹲姿势后再继续快速向前跳越栏架,落地缓冲成半蹲姿势,左右交替进行。练习 3～5 组,每组做 6～12 次,组间间歇 30 秒。

(2)单脚跳跃。

①单腿纵跳。右腿站立在高度为 60～120 厘米的跳箱或台阶上,向前跳下,左脚落地缓冲,膝关节成半蹲姿势,然后快速向上跳起,左脚落地缓冲成半蹲姿势,左右脚交替进行。练习 3～5 组,每组做 6～12 次,组间间歇 30 秒。

②单脚前跳。右腿站立在高度为 60～120 厘米的跳箱或台阶上,向前跳下,左脚落地缓冲,膝关节成半蹲姿势,然后快速向前跳起,左脚落地缓冲

成半蹲姿势,左右脚交替进行。练习3~5组,每组做6~12次,组间间歇30秒。

③单脚跳越栏架。右腿站立在高度为60~120厘米的跳箱或台阶上,向前跳下,左脚落地缓冲,膝关节成半蹲姿势,然后快速向前跳越栏架,左脚落地缓冲成半蹲姿势,左右脚交替进行。练习3~5组,每组做6~12次,组间间歇30秒。

④单脚左右跳。右腿站立在高度为60~120厘米的跳箱或台阶上,向前跳下,左脚落地缓冲,膝关节成半蹲姿势,然后快速向左前方跳起,左脚落地缓冲成半蹲姿势,左右脚交替进行。

⑤单脚左右前跳。右腿站立在高度为60~120厘米的跳箱或台阶上,向前跳下,左脚落地缓冲,膝关节成半蹲姿势,然后快速向左前方跳起,左脚落地缓冲成半蹲姿势后继续向前跳起,左脚落地缓冲成半蹲姿势,左右脚交替进行。练习3~5组,每组做6~12次,组间间歇30秒。

2. 箱跳训练

(1)双脚跳上。面对高度为30~80厘米的跳箱或台阶,两脚开立与肩同宽,手臂后摆,膝关节弯曲约140°,两脚快速蹬地,同时两臂由后向前上方摆动,使身体向前上方跳起,双脚落在箱子上屈膝缓冲。练习3~5组,每组做8~12次,组间间歇30秒。

(2)双脚障碍跳。在离跳箱或台阶1米处放置1个栏架,面对跳箱或栏架,两脚开立与肩同宽,手臂后摆,膝关节弯曲约140°,两脚快速蹬地,同时两臂由后向前上方摆动,跳越栏架,双腿屈膝缓冲成半蹲姿势,再继续向前上方跳起,双脚落在箱子上屈膝缓冲。练习3~5组,每组做8~12次,组间间歇30秒。

(3)双脚跳上跳下。面对高度为30~80厘米的跳箱或台阶,两脚开立与肩同宽,手臂后摆,膝关节弯曲约140°,两脚快速蹬地,同时两臂由后上方摆动,使身体向上方跳起,双脚落在箱子上屈膝缓冲,再继续向前上方跳起,双脚落地屈膝缓冲。练习3~5组,每组做6~12次,组间间歇30秒。

(4)左脚跳上。面对高度为30~80厘米的跳箱或台阶,左腿站立,手臂后摆,膝关节弯曲约140°,左脚快速用力蹬地,同时两臂由后向前上方摆动,使身体向前上方跳起,双脚落在箱子上屈膝缓冲,左右脚交替进行。练习3~5组,每组做6~12次,组间间歇30秒。

(5)单脚跳越障碍。在离跳箱或台阶1米处放置1个栏架,面对跳箱或栏架,左腿站立,手臂后摆,膝关节弯曲约140°,左脚快速用力蹬地,同时两臂由后向前上方摆动,跳越栏架,左腿屈膝缓冲成半蹲姿势,再继续向前上方跳起,双脚落在箱子上屈膝缓冲,左右脚交替进行。练习 3～5 组,每组做 8～12 次,组间间歇 30 秒。

(6)单脚跳上跳下。面对高度为 30～80 厘米的跳箱或台阶,左腿站立,手臂后摆,膝关节弯曲约 140°,左脚快速蹬地,同时两臂由后向前上方摆动,使身体向前上方跳起,左脚落在箱子上屈膝缓冲,左右脚交替进行。练习 3～5 组,每组做 8～12 次,组间间歇 30 秒。

(7)侧对箱双脚连跳。侧对高度为 30～80 厘米的跳箱,两腿开立与肩同宽,屈膝半蹲,膝关节弯曲约 140°,双腿快速用力蹬地,同时两臂由后向右上方摆动,使身体向右跳起,双脚落在箱子上屈膝缓冲后再向右跳起,双脚落地屈膝缓冲。练习 3～5 组,每组做 6～12 次,组间间歇 30 秒。

(8)弓步交换跳。面对高度为 30～80 厘米的跳箱,右腿站立,左脚踩在跳箱上,左脚蹬推向上跳起,左右腿在空中交换,右脚先落在箱上,左脚再着地支撑,再连续蹬推跳起。练习 3～5 组,每组做 6～12 次,组间间歇 30 秒。

(9)侧边蹬推。侧对高度为 30～80 厘米的跳箱,左腿站立,右脚踩在跳箱上,右脚蹬推跳箱向上跳起,身体在空中充分伸展,右脚先落在跳箱上,右脚再着地支撑,连续蹬推跳起,两脚交替进行。练习 3～5 组,每组做 6～12 次,组间间歇 30 秒。

(10)两侧蹬推。侧对高度为 30～80 厘米的跳箱,左腿站立,右脚踩在跳箱上,右脚蹬推跳箱向右上方跳起,身体在空中充分伸展,左脚先落在跳箱上,右脚再着地支撑,然后向左重复此动作,连续蹬推跳起。练习 3～5 组,每组做 6～12 次,组间间歇 30 秒。

(二)纵跳和侧跳的增强式训练

1. 双脚前后交替跳

两脚前后开立,膝关节微屈,上身挺直,一脚在前一脚在后;双脚同时发力蹬地,前后交替跳,两脚同时落地,两臂配合两脚前后摆动。练习 3～5 组,每组做 6～12 次,组间间歇 30 秒。

2. 双脚前后交替绕圈跳

面对锥筒,两脚前后开立,上体挺直,一脚在前一脚在后,前脚距锥筒 20～30 厘米;双脚同时发力,同时落地,在前后交替跳的同时,始终面对锥筒,顺时针或逆时针绕圈跳。练习 3～5 组,每组做 6～12 次,组间间歇 30 秒。

3. 单脚左右跳

单脚站在锥筒的右侧,上身挺直,膝关节微屈;单脚发力跳至锥筒的左侧,以起跳腿落地缓冲,再以相同方法往回跳,如此循环,两腿交替进行。练习 3～5 组,每组做 6～12 次,组间间歇 30 秒。

4. 双脚快速点地接左右交替旋转跳

面朝前方,两脚开立略比肩宽,膝关节微屈,降低身体重心,上身稍前倾,两臂弯曲约成 90°;双腿绷紧,两脚尖快速交替点地,持续几秒后,腰部发力,下半身旋转跳,带动上半身,双脚同时发力,离地、着地,然后继续腰部发力,下半身回归之前位置,两脚尖继续快速交替点地,持续几秒后,换另一只脚旋转跳,如此循环。练习 3～5 组,每组做 6～12 次,组间间歇 30 秒。

5. 站立向前单脚跳

面朝前方,上身稍前倾,两脚开立与肩同宽,膝关节微屈;右脚发力向前跳,左脚单脚落地,然后左脚再发力向后跳,右脚先着地,左脚再着地,回到初始姿势站稳后再换一只脚跳,如此循环。练习 3～5 组,每组做 6～12 次,组间间歇 30 秒。

6. 两脚交替弓箭步纵跳

面朝前方,上身挺直,成弓箭步姿势,后脚前脚掌着地;两脚同时发力向上跳,两臂用力向上摆,左右脚在空中分腿交换位置,双手下落稳定身体平衡,再向上跳,如此重复。练习 3～5 组,每组做 6～12 次,组间间歇 30 秒。

7. 单脚增强式跳跃

双脚开立与肩同宽,两臂自然下垂;左脚向前跨步,后脚跟先着地,然后过渡到前脚掌着地,双臂用力向上摆的同时左脚发力向前上方跳起,右腿由后向前上方提膝,大小腿折叠,腾空时起跳脚伸直,然后以起跳脚前脚掌着地缓冲,右腿顺势前跨步,准备起跳,如此重复。练习 3～5 组,每组做 6～12 次,组间间歇 30 秒。

(三)低栏驾训练

1. 向前移动

(1)渐增步幅跑。面向栏架,身体站直;身体上半部分前倾,重心向前,两只手臂配合下肢摆动,摆动幅度尽量大,起支撑作用的一只脚用力蹬地,摆动腿用力上抬,逐渐增加步幅,充分蹬伸,每步跨越一个栏架。完成这组练习后还要接着加速跑 30 米。练习 2～3 组,每组做 3～5 次,组间间歇20 秒。

(2)正向双脚连续跳。两只脚分开站立且与肩同宽,双腿屈膝保持半蹲姿势,两只手臂自然下垂;身体上半部分向前倾斜,两只手臂要与下肢摆动的动作相互配合,两只脚同时蹬地跳起,身体在空中尽可能伸展开,两只脚的前脚掌着地,屈膝缓冲落于第一个栏架与第二个栏架之间,还原成准备姿势,之后连续向前跳,每步仅跨越一个栏架。完成这组练习还要继续加速跑30 米。练习 2～3 组,每组做 3～5 次,组间间歇 20 秒。

(3)持实心球连续蹬伸跳。两脚分开站立且与肩同宽,双腿屈膝,双手持实心球置于胸前;双腿同时发力向前跳起,迅速将球推向斜前方,双脚落地缓冲前将实心球收至胸前,还原成准备姿势后继续前进,每一步仅跳一个栏架。完成这组练习还要继续加速跑 30 米。练习 2～3 组,每组做 3～5次,组间间歇 20 秒。

2. 侧向移动

(1)侧向左右折返跑。两腿开立与肩同宽,双臂自然下垂,站在栏架的侧方;左腿用力蹬地,右腿尽量向右侧高抬,跨过栏架之后用前脚掌着地,并且向左斜上方蹬地,左脚向左高抬,着地后重复上述动作。完成这组练习还要继续加速跑 30 米。练习 2～3 组,每组做 3～5 次,组间间歇 20 秒。

(2)侧向高抬腿跑。侧对栏架,双臂配合下肢摆动,连续侧向高抬腿跑,每步跨越一个栏。完成练习后转身向前进行 30 米加速跑。练习 2～3 组,每组做 3～5 次,组间间歇 20 秒。

(3)双脚侧向连续跳。侧身对着栏架,屈膝身体成半蹲姿势,两只手臂自然下垂;两只手臂配合身体下半部分摆动,双腿发力蹬地向右上方跳起,身体在空中充分伸展,双脚前脚掌落地瞬间踝关节下压对抗发力跳起,重复这一动作,每步跳越一个栏架。完成这组练习还要继续加速跑 30 米。练习2～3 组,每组做 3～5 次,组间间歇 20 秒。

(4)侧向持实心球双脚连续蹬伸跳跃。两腿半蹲站立,双手持实心球于胸前;双腿发力蹬地,向右跳越第一个栏架,同时双手迅速将实心球推向斜前方,双脚落地前将实心球收至胸前,双脚前脚掌落地瞬间踝关节发力跳起,继续跳跃下一个栏架,如此反复,每步只跳一个栏架。完成这组练习还要继续加速跑 30 米。练习 2～3 组,每组做 3～5 次,组间间歇20 秒。

3. 多方向跳跃

（1）正方形双脚跳。面向栏架，屈膝身体成半蹲姿势站立，双脚与肩同宽；两腿同时发力跳进用栏架摆放的正方形，双臂配合身体下半部分摆动，按照顺时针方向依次跳进跳出每个栏架。可根据练习者能力安排垫步跳、连续跳、垫步折返跳、折返跳等多种练习方法。练习2～3组，每组做3～5次，组间间歇20秒。

（2）"Z"字型双脚跳。双脚分开，屈膝身体成半蹲姿势并侧对栏架站立；双腿蹬地，两臂配合身体下半部分摆动，跳越左前方的栏架，双脚前脚掌着地的瞬间，踝关节发力跳跃左前方的栏架，之后绕栏架依次前跳。练习2～3组，每组做3～5次，组间间歇20秒。

（四）实心球增强式训练

1. 实心球胸前传球

以半蹲姿势面对墙站立，与墙间隔1.2米的距离，双手持实心球置于胸前；尽力将实心球推向墙壁，待接住反弹回来的球后继续向墙壁推球，反复完成这一动作。练习2～3组，每组做6～8次，组间间歇30秒。

2. 实心球头顶抛球

两腿分开站立并且与肩同宽，与墙间隔40厘米，膝关节稍微弯曲，将实心球置于头后上方；将实心球快速抛向墙壁，待抓住回球后继续重复抛接球的动作。练习3～5组，每组连续抛8～10次，组间间歇1分钟。也可以采用跪姿抛接球。

3. 仰卧起坐双手向前抛球

平躺在垫子上，两腿屈膝并拢，双手屈臂持实心球置于头顶；身体上肢抬起的同时双手迅速将实心球向前上方抛出。练习3～5组，每组连续抛8～10次，组间间歇1分钟。

4. 深蹲后抛

做深蹲动作，两只手拿起实心球置于身体的正前方；两腿发力蹬地的同时，两只手将实心球向后上方快速抛出，脚后跟离地，踝关节绷直。练习3～5组，每组连续抛8～10次，组间间歇1分钟。

5. 弓箭步向前抛球

两条腿前后分开站立成弓箭步,左脚在前,右脚在后,重心放在右脚上,两只手拿起实心球置于胸前;将球举过头顶置于头后,身体上半部分稍微向后仰,左腿微微抬起并迅速着地,然后身体上半部分微前倾,迅速将手中的实心球向前抛出。练习3~5组,每组连续抛8~10次,组间间歇1分钟。

6. 跪姿后仰向前抛球

跪立于垫上,躯干挺直,双手将球置于胸前;双手发力,迅速向前上方将实心球抛出,身体顺势前倒,双手撑地缓冲。练习3~5组,每组连续抛8~10次,组间间歇1分钟。

三、旋转爆发力训练

(一)实心球训练

1. 正对斜抛实心球

(1)站姿斜抛实心球。身体面对投掷墙,与墙保持大概1米的距离,两只脚分开站立略比肩宽,两只手紧握实心球,并且将实心球摆动至身体的右侧,躯干成扭紧姿势;然后以右侧臀部肌肉发力为主,身体下肢迅速蹬地、转髋、伸髋,两只手借助身体转动的惯性顺势将球抛向墙面,球回弹后两只手接球,利用球的反弹力将身体扭紧,还原成最初的动作,重复整个过程。需要注意的是,在练习过程中膝关节不要超过脚尖,抬头挺胸,后背收紧,注意用髋关节发力和髋、膝、踝关节要尽可能地伸展,旋转时保持腰椎稳定,胸椎充分旋转,抛球时手臂伸直。练习4~6组,每组做8~12次,组间间歇2~3分钟。两侧交替进行练习。

(2)瑞士球坐姿斜抛实心球。身体面向投掷墙,与墙保持大概1米的距离,坐在瑞士球上,两只手紧握实心球,将实心球摆动至身体的右侧,躯干成扭紧姿势;之后以躯干发力为主,两只手借助身体转动的惯性顺势将球抛向墙面,球回弹后两只手尽力接球,通过球的反弹力将身体扭紧,还原到最初的动作,重复这一过程的动作。要特别注意的是,在练习时要抬头挺胸,后背收紧,时刻保持腰椎稳定,抛球时手臂要尽可能伸直。练习4~6组,每组做8~12次,组间间歇2~3分钟。两侧交替进行练习。

（3）单腿半跪姿斜抛实心球（异侧）。身体正对投掷墙,距墙约 1 米,两腿前后分开成单腿跪立姿势（左腿在前）,两腿的膝关节均成 90°,两只手握紧实心球,整个身体向后支撑腿方向扭转,将实心球摆动至髋关节的外侧,躯干扭紧;然后以躯干发力为主,两只手借助身体转动的惯性顺势将球抛向墙面,球回弹后时两只手要尽量接球,借助球的反弹力将身体扭紧,还原成最初动作,重复这一过程。需要注意的是,在做此练习时应做到抬头挺胸,后背收紧,时刻保持腰椎的稳定,抛球时手臂要尽可能伸直。练习 4～6 组,每组做 8～12 次,组间间歇 2～3 分钟。两侧交替进行练习。

也可以跪在平衡盘上做此练习。练习负荷同上。

（4）弓箭步斜抛实心球（异侧）。身体正对投掷墙,距墙约 1 米,两条腿前后分开成半弓箭步的姿势（左腿在前）,前支撑腿的膝关节约成 90°,后支撑腿的小腿与地面接近平行,两只手紧握实心球,身体向右扭转,将实心球摆动至髋关节的外侧,躯干扭紧;然后以躯干发力为主,在保持身体稳定的前提下,两只手借助身体转动的惯性顺势把球抛向墙面,球回弹后双手接球,借助球的反弹力将身体扭紧,还原成最初的姿势,重复整个动作。在做此练习时,要抬头挺胸,后背收紧,时刻保持腰椎稳定,抛球时手臂要尽可能伸直。练习 4～6 组,每组做 8～12 次,组间间歇 2～3 分钟。两侧交替进行练习。

（5）弓箭步斜抛实心球（同侧）。身体正对投掷墙,距墙约 1 米,两条腿前后分开成半弓箭步姿势（右腿在前）,膝关节约成 90°,后支撑腿的小腿与地面接近平行,两只手紧握实心球,身体向右扭转,将实心球摆动至髋关节的外侧,躯干扭紧;然后以躯干发力为主,在保持身体稳定的前提下,两只手借助身体转动的惯性顺势将球抛向墙面,球回弹后双手接球,利用球的反弹力将身体扭紧,还原成起始姿势,重复整个过程。在完成这一练习的过程中,必须抬头挺胸,后背收紧,时刻保持腰椎稳定,抛球时手臂尽量伸直。练习 4～6 组,每组做 8～12 次,组间间歇 2～3 分钟。两侧交替进行练习。

也可以前脚站在平衡盘上做此练习。练习负荷同上。

2. 侧对墙斜抛实心球

（1）平衡盘站姿侧抛实心球。身体侧向面对投掷墙,与墙保持大概 1 米的距离,两只手紧握实心球,两只脚站立在平衡盘上,旋转躯干并将球摆动至身体右侧,躯干扭紧;然后以右侧臀部肌肉发力为主,下肢快速蹬地、转髋、伸髋,在确保身体稳定的情况下,两只手借助身体转动的惯性顺势将球抛向墙面,球回弹后双手接球,借助球的反弹力将身体扭紧,还原成最初的姿势,重复整个动作。在完成这一练习时,膝关节不可超过脚尖,抬头挺胸,后背收紧,注意髋关节发力和髋、膝、踝关节充分伸展,身体旋转时保持腰椎稳定,胸椎旋转充分,抛球时手臂伸直。练习 4～6 组,每组做 8～12 次,组间间歇 2～3 分钟。两侧交替进行练习。

(2)平衡盘弓箭步侧抛实心球(异侧)。身体侧对投掷墙,距墙约 1 米,双手握住实心球,成半弓箭步站立(左腿在前),左脚踩在平衡盘上,左膝关节成 90°,右小腿与地面接近平行,身体向右扭转,将球摆至身体右侧,躯干扭紧;然后以躯干发力为主,在保持身体稳定的前提下,双手借助身体转动的惯性顺势把球抛向墙面,球回弹后双手接球,利用球的反弹力将身体扭紧,还原成起始姿势,重复上一动作。练习时,挺胸抬头,后背收紧,时刻保持腰椎稳定,抛球时手臂伸直。练习 4～6 组,每组做 8～12 次,组间间歇 2～3 分钟。两侧交替进行练习。

也可以做同侧平衡盘侧抛实心球练习。练习负荷同上。

3. 背靠瑞士球抛实心球

身体侧向面对墙壁,后背紧靠瑞士球,屈膝成半蹲姿势,两只手紧握实心球并置于身体右侧,躯干扭紧;下肢快速蹬地、转髋、伸髋,沿着下肢转动的轨迹顺势旋转躯干和肩关节,两只手臂借助躯干的转动惯性将实心球从身体前面抛出,之后接住由墙面反弹回来的球,还原成最初的身体姿势,重复这一动作。练习时,膝关节不可超过脚尖,抬头挺胸,后背收紧,注重髋关节发力和髋、膝、踝关节充分伸展,身体旋转时保持腰椎稳定,胸椎旋转充分,抛球时手臂伸直。练习 4～6 组,每组做 8～12 次,组间间歇 2～3 分钟。两侧交替进行练习。

(二)气动阻力系统器材训练

1. 气动阻力系统斜下拉

(1)跪姿斜下拉。双膝跪在垫子上,身体侧对器械,两只手在左肩的斜上方紧握器械手柄,整个身体向左侧扭紧;两只手沿体前向斜下方快速下拉器械手柄。还原至最初动作,重复整个动作。练习时,要抬头挺胸,后背收紧,髋关节尽量保持稳定。练习 4～6 组,每组做 8～12 次,组间间歇 2～3 分钟。两侧交替进行练习。

(2)平衡盘半跪姿斜下拉(异侧)。两条腿前后分开,右腿在前,踩在平衡盘上,身体成半跪姿势,整个身体侧对着器械,两条腿的大小腿夹角约 90 度,两只手在左肩的斜上方紧握器械手柄,身体向左侧扭紧;左侧臀大肌收紧,右大腿下压以保持骨盆平稳,身体向左充分旋转,双手沿体前向斜下方快速下拉器械手柄,保持身体姿态的稳定。还原至最初姿势后,重复整个动作。练习4~6组,每组做8~12次,组间间歇2~3分钟。两侧交替进行练习。

(3)单腿站姿斜下拉(异侧)。运动员身体侧向面对气动器械,两条腿前后开立成弓箭步姿势,左腿膝关节、髋关节的角度均为120°左右;右腿提膝前抬至大腿与地面平行,躯干向外旋转,并且两只手沿着身体转动的趋势向右斜下方快速下拉器械手柄。在整个练习中,身体姿态尽可能保持稳定。待还原至最初姿势后,重复整个动作。练习4~6组,每组练习8~12次,组间间歇2~3分钟。两侧交替进行练习。

2. 气动阻力系统斜上拉

(1)站姿斜拉上举。身体侧向面对器械,两只手握住器械手柄,身体向内侧(器械方向)扭紧;以左侧臀肌发力为主,下肢快速蹬地、转髋、伸髋,髋、膝、踝三个关节快速充分蹬直,两只手沿着下肢转动的轨迹顺势向斜上方提拉器械手柄,手柄超过胸部时顺势上举,身体姿态保持稳定。身体还原至最初姿势后,重复整个动作。练习4~6组,每组做8~12次,组间间歇2~3分钟。两侧交替进行练习。

(2)平衡盘弓箭步斜拉上举(异侧)。身体侧向面对气动器械,两条腿前后分开并成弓箭步姿势,右腿的大小腿夹角为90°左右,右脚置于平衡盘上,左腿的小腿与地面接近平行,左侧臀大肌收紧,右腿的大腿下压以保持骨盆水平面的平稳,两手紧握器械手柄,身体向左侧扭紧;髋关节保持稳定,胸椎充分旋转,两只手沿着身体转动的轨迹顺势向斜上方提拉器械手柄,手柄超过胸部时顺势上举,身体在整个练习中应尽可能稳定。还原成起始姿势后,再重复上一次动作。练习4~6组,每组做8~12次,组间间歇2~3分钟。两侧交替进行练习。

3. 气动阻力系统侧拉

(1)平衡盘站姿侧拉。两脚开立略比肩宽,踩在平衡盘上,膝关节微屈,身体侧对器械,双手握住器械手柄并置于身体左侧腰部位置,身体向左侧扭紧;在保持身体稳定的前提下,左侧臀大肌积极发力并向右旋转躯干,左侧髋、膝、踝关节迅速蹬直,两只手用最快的速度向右斜上方提拉器械手柄。还原至最初姿势后,重复整个动作。练习4~6组,每组做8~12次,组间间歇2~3分钟。两侧交替进行练习。

（2）平衡盘弓箭步姿侧拉（同侧）。身体侧对器械,两腿前后分开成弓箭步姿势,左腿在前（大小腿夹角约为 90°）,踩在平衡盘上,右腿的小腿与地面接近于平行,右侧臀大肌尽可能收紧,左侧大腿下压以保持骨盆平稳,两只手紧握器械手柄并置于身体左侧腰部位置,身体向左扭紧;在保持身体稳定的前提下,髋关节保持稳定,胸椎充分旋转,双手沿着身体转动的轨迹顺势向右斜上方拉动手柄。还原成起始姿势后,重复上一次动作。练习 4～6组,每组做 8～12 次,组间间歇 2～3 分钟。两侧交替进行练习。

第三节　青少年身体运动功能训练计划的制定

一、身体运动功能训练计划的特点

（一）整体性

结构往往决定着功能的输出和效能,功能的改善或变化反过来又可以促进结构的进一步优化和升级。因此,身体运动功能训练计划的结构直接决定着训练的效果,这就是一名优秀教练不断调整训练计划和内容的重要原因之一。

就身体运动功能训练计划的制定与实施情况看,不论什么类型和层次的训练计划均具有整体性的特征。其主要体现在:年度训练计划体现现实起始状态逐步向目标状态的转移;周训练计划涵盖肌肉动员与神经激活、躯干支柱力量、动态拉伸、专项动作准备、快速伸缩复合练习、最大力量与旋转爆发力、最大速度与多方向加速、能量代谢系统发展、再生与恢复等板块。在某一训练课上,教练会根据此次训练课的任务,有针对性地选择几个板块并加以组合,但一些小板块中的具体训练内容或手段就构成了身体运动功能训练课的基本要素,它们按一定顺序进行组合就能体现出一堂身体运动功能训练课的整体性。

（二）系统性

不论是对某一单项的特定阶段或周期的身体运动功能训练,还是对青少年实施的多年或全年身体运动功能训练,均要经历一个系统的、连续的身体运动功能训练过程。例如,对于非赛季的身体运动功能训练计划的设计、身体运动功能训练的处方、负荷的安排、一般性身体运动功能训练与专项技术训练紧密结合的针对性、再生与恢复、运动营养补充、运动技术的平衡与协调、耐力项目的力量训练等环节,在训练中都要遵循一定的系统性安排。

通常,竞技类运动员的身体运动功能训练的过程有如下几个步骤。

其一,诊断起始状态(涉及运动机能评定、基础运动功能动作的诊断与评价、选择性运动功能动作的诊断与评价)。

其二,为身体运动功能训练制定目标。

其三,明确身体运动功能训练阶段的划分与任务。

其四,排好参加比赛的序列。

其五,清楚训练负荷的动态变化趋势。

其六,确定训练的方法与手段。

其七,确定各类训练手段的负荷强度与负荷量。

其八,确定再生与恢复的医务监督的具体措施。

其九,确定评定训练效果的内容与时间等。

从身体运动功能训练计划的内容来讲,任何层次或类型的身体运动功能训练计划都包括以下几个方面:运动功能的测试与评估、明确训练目标、制定计划和手段、实施训练计划、检查训练效果和调整训练计划。

通常,某一运动员的身体运动功能训练计划大致包括如下几个步骤。

其一,根据运动功能的测试与评估结果,分析运动员的需求。

其二,明确周训练的频率和总的训练时间。

其三,确定好训练的方法与手段。

其四,规划好各种训练手段的具体训练负荷量及负荷强度。

其五,确定好各种训练手段的练习与间歇时间。

其六,分析运动员的专项能力需求。

例如,在设计力量训练计划时就需要根据力量训练的四个要素(爆发力训练、绝对力量训练、肌肉增大训练和肌肉耐力训练)和四个变量(训练强度、训练量、训练频率和间歇时间),来构建一个完整的身体运动功能训练计划。

二、身体运动功能训练计划的内容

(一)功能性力量训练板块

在功能性力量训练板块的最初阶段,要进行损伤预防和快速伸缩复合练习两个板块的训练。例如,在进行跳箱练习时,要求运动员先从半蹲姿势开始做快速起跳动作,然后全身发力努力跳到跳箱上,此动作是一个能在短时间内有效提高功率的练习方式,其要求运动员在保持身体姿态稳定的情况下练习爆发力。另外,此过程应安排一些纠正性动作,并且适时练习预防损伤的动作。

第二个板块是发展最大力量,这是力量训练的重点内容,如发展背部肌群力量和上体力量等。

第三个板块为在承接如上两个板块后进行的旋转爆发力板块,该训练需要多个肌肉的参与,对肌肉的灵敏性和协调性有着极高的要求,对神经肌肉系统的刺激强度也非常大。例如,半跪蹲或半蹲姿态下的向下拉、向上拉或向平面内的拉等。另外,教练可以在此过程中加入一些纠正性、牵拉性、牵张反射性的训练内容,这些是一次训练课的主要内容。

(二)动作组合

通常,动作组合会比动作模式的选择更直接地影响训练的效果,所以在组合结构上应格外注意:避免产生局部肌肉的疲劳,应有序地将上体与下体练习分单元隔离开。例如,第一天进行了深蹲训练,第二天就应该换成上体或其他的训练,尽量避免重复。

不管在哪个训练阶段,都应确保力量训练的组合结构是有序的。例如,在基础训练阶段要发展脊柱力量,就要有很好的动作组合。这一阶段如果要增粗或者增大肌肉,开始就应重点对上下肢的肌肉进行合理的分段训练。但是到了一定阶段后就应考虑训练的整体性,对于训练手段的组合和训练方式的确定均应从整体上考虑动作的结构和训练效果。例如,增加了肌肉的横断面后,应接着增加肌肉的灵活性和肌肉神经系统的支配能力。如果进行以肌肉功能为主的训练,可以先进行双臂同时运动的力量练习,达到了一定水平后,再进行以单臂运动为主的力量练习。在这一过程中,还可以有顺序地将拉和推两种动作模式嵌入单臂或双臂的练习中。

三、身体运动功能训练计划的四个变量

训练计划一般都从一个准备期开始,然后进入有特定目标的训练周期。以一个6周的训练周期为例,它的目标是提高立定三级跳远的远度。这个周期是以一个训前测试开始,一个训后测试结果来检验目标是否完成。一个能完成特定目标的训练计划应包含如下四个变量。

(一)负荷强度

负荷强度指运动员在完成某个既定任务的过程中所付出的努力程度。

例如,在举重练习中,运动员的负荷强度是由被举起的重量控制的。在快速伸缩复合训练中,负荷强度主要是由练习的形式控制的,并且这种练习一般是由简单动作逐渐向大负荷强度过渡的复杂动作。小跳步比跨步跳的负荷强度要小很多,双腿跳比单腿跳的负荷强度要小很多。

(二)负荷量

负荷量是在一节训练课或一个训练周期中所有练习的总量。例如,快速伸缩复合练习的负荷量经常是采用脚触地的次数来计算(如立定三级跳是由三次跳跃组成的,就计为三次脚触地)。对于任何类型或层次的训练课而言,给予特定跳跃练习所推荐的负荷量应随着负荷强度的变化而有所区别。

(三)训练频率

训练频率指运动员在单位时间内重复完成某一练习的次数,或者指在某一周期内完成某项训练的次数。虽然在设计训练时就要将训练的强度考虑在内,但在接下来的一个训练刺激出现之前保证48～72小时的休息对于身体的恢复是十分必要的。负荷强度不同的练习所需要的身体恢复时间是不同的,如小跳步练习就没有大跨步跳的强度大,所以就不需要相等的恢复时间。初级运动员一次等长练习后至少要休息48小时。如果身体得不到恢复,出现肌肉疲劳将影响运动员在训练刺激(地面接触、距离、高度)上的发挥水平。

运动员每周的速度训练的适宜频率,应遵照速度力量训练需要48～72小时恢复的原则,这样才能保证训练计划的合理性。虽然速度力量训练被认为是发展和维持最大力量基础的关键,但是跑的训练可以加入训练周期,甚至在某几天可以代替速度力量训练,以便成功地将力量转化为速度。

另外,因为跳跃性爆发力练习特别看重动作的质量,这就给运动员的身体带来了较大负荷,所以应将这项训练安排在其他练习之前。如果必要,在年度训练的后期可以将跳跃性爆发力练习与重物练习相结合,或者整堂训练课均安排跳跃性爆发力练习。实际上,对很多项目的运动员来说,这样的训练课安排是可行的,因为快速的爆发力训练对于提高起跳、空中旋转、投掷器械、射门、突破等技术均非常有利。

(四)间歇时间

决定快速伸缩复合训练是否可以成功发展肌肉力量或爆发力的一个重要因素是间歇时间。运动员在训练爆发力时,每组做10次摸篮圈跳练习,组间较长的间歇时间(45～60秒)会使运动员得到最大限度的恢复。通常,练习时间与间歇时间的比例应控制在 1∶5 或 1∶10,这可以保证动作的质量和强度。例如,如果单组练习要用 10 秒才能完成,那么间歇时间就要用 50~100 秒。因为快速伸缩复合练习是一种无氧运动,组间较短的间歇时间(10~15 秒)难以让肌肉得到最大限度的恢复。假如要提高肌肉的力量耐力,就要通过循环训练法来实现,即要求运动员连续地从一项练习转换到另一项练习,组间无法得到休息。

教练应该注意,准备期(休赛期)的爆发力训练需要设计一般性的动作练习。例如,可以通过一些提高协调能力的小跳步练习或者简单的跳跃练习,不应该进行一些变向移动这样需要特殊技巧的动作。随着比赛日期的临近,可以开展一些更具专项特性的练习。如果运动项目本身就符合爆发式用力特点,如柔道、跆拳道、摔跤、跳远、跳高、三级跳远、投掷等项目,那么爆发力练习就可以贯穿在整个准备期和比赛期。然而,以纵跳为主的项目,如篮球、排球等,比较明智的做法是减少爆发力练习的训练量,使之与运动员身体的全面发展相平衡。例如,职业篮球队一周三次比赛加上舟车劳顿,几乎不可能在赛季中进行爆发力训练。但是,排球队能在赛季中进行高达 400 次跳跃练习,这是因为排球运动员的比赛场数非常有限。

第六章 青少年体质健康测量与评价体系的构建

青少年处于身体发育的关键时期,应该不断改善自己的体质并提高自己的心理健康水平。青少年要判断自我体质健康是否达标,须借助一个基础性的标准,如《国家学生体质健康标准》《中国儿童青少年体质健康标准(华东师范大学版)》等。其中,《中国儿童青少年体质健康标准(华东师范大学版)》与《国家学生体质健康标准》相比,在测试方法、评价指标、权重比例方面有了一些改良。但是,无论根据哪一标准对青少年的体质健康状况进行测量与评价,都能够准确了解青少年的健康状况,进而有针对性地开展体育教学,发挥体育运动促进青少年体质健康的功能与作用。本章就对青少年体质健康的测量与评定进行具体分析,涉及身体形态、身体机能、身体素质的测量与评定。此外,对现有青少年体质健康测评体系中存在的问题进行分析,并提出具有针对性的完善建议。

第一节 青少年身体形态的测量与评定

一、身体形态的测量内容

(一)身高

身高也称"空间整体指标",表现为个体纵向发育的程度,测量的是地面到头顶点的垂直距离。人体的身高不仅受遗传因的影响,也受后天条件的制约,如营养、运动、日照时间等。就身高而言,遗传因素比后天条件的决定性更大,也就是说,身高在很大程度上取决于父母的遗传基因,男孩遗传度为75%,女孩遗传度为92%。哈费利采克公式是预测身高的一种办法。身高测量的相关内容如表6-1所示。

表6-1 身高测量的相关内容

公式	儿子身高＝(父身高＋母身高)×1.08/2 女儿身高＝(父身高×0.923＋母身高)/2
测量仪器	标准身高坐高计。
测量方法	受试者赤足,在地板上做好立正姿势,背部与身高坐高计紧靠,足跟、骶骨和两肩胛间接触立柱,耳眼处水平位。测试者向下滑动水平压板直到受试者头顶,双眼与压板水平,观察读数,并将测量值记录下来。
注意事项	要水平放置身高坐高计,立柱的刻度尺与光源相对。 测量时,受试者足跟、骶骨和肩胛骨间要与立柱紧靠。 水平压板与受试者头顶接触,二者之间要保持适度的松紧程度,有发髻的受试者应把发髻放下。 测量单位是厘米,测量结果保留小数点后一位,测量误差不得超过0.5厘米。

(资料来源:袁尽州、黄海,2014)

(二)体重

体重包含着人体骨骼、肌肉、皮下脂肪及内脏器官等多个人体组织的重量。体重不仅受遗传的影响,而且受性别、年龄、季节、运动、疾病等因素的制约。体重测量的相关内容如表6-2所示。

表6-2 体重测量的相关内容

测量仪器	标准体重计,误差不得超过0.1%。
测量方法	受试者赤足、身着薄衣裤站立于体重计中央,测试者移动刻度尺稳定在水平位后读数并记录其重量值。
注意事项	保证测量仪器正常,受试者衣着合格(被测者只准穿薄短裤,女性可穿背心)。 测量时间最好在上午10点左右为宜,排尽大小便。 每测50人后校正仪器的准确度,测试完毕应检查仪器。 测量单位是千克,测量结果对小数点后一位进行保留。

(资料来源:袁尽州、黄海,2014)

(三)坐高

坐高是指人体取正位坐姿势时头和躯干的总长度。通过坐高,可以判断人体躯干的生长发育状况以及躯干与下肢的比例关系。坐高测量的相关内容如表 6-3 所示。

表 6-3　坐高测量的相关内容

测量仪器	标准身高坐高计。
测量方法	受试者端坐在身高坐高计底板上,头正,躯干挺直紧靠立柱,测试者向下滑动水平压板直到受试者头顶,两眼与压板呈水平位,观察读数,对测量值进行记录。
注意事项	测量过程中,受试者骶骨部和肩胛骨间紧靠支柱并坐直。 测量单位是厘米,测量结果对小数点后一位进行保留,测量误差不得超过 0.5 厘米。

(资料来源:袁尽州、黄海,2014)

(四)胸围

胸围是胸部的水平围长。测量时,以乳头为测点,用软皮尺水平测量胸部最丰满处一周,即为胸围尺寸。通过胸围,可以间接判断青少年的胸廓大小和胸部肌肉发育状况。胸围测量的相关内容如表 6-4 所示。

表 6-4　胸围测量的相关内容

测量仪器	软带尺。
测量方法	男子上体赤裸,自然站立,自然呼吸,检测者将软带尺上缘放在男子背部的肩胛骨下角,在胸部则用软带尺下缘置于乳头上进行计量;女子带胸罩,将软带尺置于背部两肩胛骨下角,胸部置于乳头上缘进行计量。
注意事项	受试者不得低头、耸肩、呼气。 软带尺的松紧程度要适当。 受试者接受测量时,有一人在其背后协助测试人员把软带尺围定于肩胛下角下缘,防止尺下滑,软带尺要保持水平。 只测受试者的静气围(即平静时呼气末而吸气尚未开始时的胸围大小)。 测量单位是厘米,测量结果对小数点后一位进行保留,测量误差不得超过 1 厘米。

(资料来源:袁尽州、黄海,2014)

(五)腰围

腰围是指人体腰部围度的大小。腰围是反映脂肪总量和脂肪分布的综合指标,也可以反映人体腰部肌肉发育水平及腹部皮下脂肪的沉积状况。

· 110 ·

腰围测量的相关内容如表 6-5 所示。

表 6-5　胸围测量的相关内容

测量仪器	软带尺,每米误差不得超过 0.2 厘米。
测量方法	受试者自然站立,测量者将软带尺置于受试者脐上,以水平位绕腹一周,取其自然呼吸时的计量值。
注意事项	运动后不宜即刻测量腰围。 测量单位是厘米,测量结果对小数点后一位进行保留,测量误差不得超过 0.5 厘米。

（资料来源：袁尽州、黄海,2014）

（六）骨盆宽

骨盆宽是指骨盆左右两端髂骨崤外缘突出点之间的直线距离,它反映了人体骨盆的发育情况。骨盆通常被作为选拔运动人才的重要参考指标。骨盆宽测量的相关内容如表 6-6 所示。

表 6-6　骨盆宽测量的相关内容

测量仪器	软带尺,每米误差不得超过 0.2 厘米。
测量方法	受试者并拢两腿自然站立,检测者与受试者相对,用测径规的两脚端分别放在受试者骨盆左右两髂骨崤外缘,计取其最宽部距离,计量其水平直线距离。
注意事项	受试者体重应均匀落在两脚上,避免骨盆倾斜。 测量单位是厘米,测量结果对小数点后一位进行保留,测量误差不得超过 0.5 厘米。

（资料来源：袁尽州、黄海,2014）

二、身体形态的评定指数

（一）克托莱指数

克托莱指数用来表示每 1 厘米身高的体重。它广泛应用于人类学研究和人体质测评与评价中。克托莱指数可以反映人体的围度、宽度、厚度以及人体组织的密度。

计算公式：克托莱指数＝体重（千克）/身高（厘米）×1 000。

青少年身体形态评价标准具体参考表 6-7。

表 6-7　克托莱指数评价标准

性别	年龄（岁）	P10	P25	P50	P75	P90	P97
男	20—24	310.5	332.5	360.3	395.5	435.2	483.8
	25—29	320.3	343.5	375.4	415.7	455.9	499.0
	30—34	324.8	351.5	388.0	427.7	465.9	506.5
女	20—24	284.2	302.6	326.3	352.8	381.9	416.0
	25—29	288.2	308.0	332.7	362.1	395.6	434.5
	30—34	296.9	317.7	343.7	374.8	407.6	449.2

（资料来源：袁尽州、黄海，2014）

（二）身体质量指数

身体质量指数（Body Mass Index，BMI）是用体重千克数除以身高米数平方得出的数字，是判断人体的胖瘦程度的主要标准。

计算公式：体质指数（BMI）＝体重（千克）/身高（米）的平方。

BMI 在国际上广泛应用，分为四个等级，我国对 BMI 的界限具体如表 6-8 所示。

表 6-8　BMI 组别划分标准

组别	BMI 标准
轻	BMI<18.5
正常	18.5≤BMI<24.0
超重	24.0≤BMI<28.0
肥胖	BMI≥28.0

（资料来源：袁尽州、黄海，2014）

青少年 BMI 评价标准参考表 6-9。

表 6-9　BMI 评价标准

性别	年龄（岁）	P10	P25	P50	P75	P90	P97
男	20—24	18.5	19.7	21.3	23.2	25.5	28.1
	25—29	19.1	20.4	22.2	24.4	26.7	29.0
	30—34	19.5	20.9	23.0	25.2	27.3	29.5

性别	年龄（岁）	P_{10}	P_{25}	P_{50}	P_{75}	P_{90}	P_{97}
	20—24	18.0	19.1	20.6	22.2	24.0	26.1
女	25—29	18.4	19.6	21.1	22.8	24.8	27.4
	30—34	18.9	20.2	21.7	23.6	25.7	28.2

（资料来源：袁尽州、黄海，2014）

（三）比胸围指数

比胸围指数通过人体自身的胸围与身高之比，或胸围减去二分之一的身高值来反映胸廓的围度相对比值。它是人体形态测量的复合指标之一，可以测量发育水平。

计算公式：比胸围指数＝胸围/身高×100。计量单位：厘米。

青少年比胸围指数评价标准具体参考表6-10。

表 6-10　比胸围指数评价标准

性别	年龄（岁）	P_{10}	P_{25}	P_{50}	P_{75}	P_{90}	P_{97}
	20—24	45.8	47.7	49.9	52.4	55.0	58.2
男	25—29	46.9	48.8	51.1	53.7	56.3	59.0
	30—34	47.7	49.9	52.3	54.9	57.5	60.1
	20—24	46.8	48.8	51.2	53.6	56.2	59.4
女	25—29	47.5	49.5	51.9	54.5	57.3	60.7
	30—34	48.1	50.3	52.7	55.4	58.5	61.9

（资料来源：袁尽州、黄海，2014）

第二节　青少年身体机能的测量与评定

一、呼吸机能的测量与评价

（一）安静时肺活量

1. 测量仪器

安静时肺活量一般采用单浮筒式肺活量计（0～7 000 毫升）进行测量，可以将仪器误差控制在 200 毫升以内。

2. 测量方法

测量步骤如下。

第一步:学生面对仪器自然站立,做1~2次扩胸运动或深呼吸。

第二步:双手握住吹气嘴,把嘴和吹气嘴对上,尽力吸气,然后尽力呼气,直到不能再呼。学生要掌握好吹气的力和节奏,过慢或过猛都不合适。

第三步:工作人员迅速关闭气口的开关,待浮筒平稳后,读数值记录。

每名学生有3次测量机会,每次测量之后休息15秒,记录3次数据,取最佳的一次数据作为最后的成绩。

3. 评价

《国家学生体质健康标准》中明确提出了青少年肺活量评价表,如表6-11所示。

表6-11 青少年肺活量评价标准(单位:毫升)

等级	成绩	大一、大二男生	大三、大四男生	大一、大二女生	大三、大四女生
优秀	100	5 040	5 140	3 400	3 450
	95	4 920	5 020	3 350	3 400
	90	4 800	4 900	3 300	3 350
良好	85	4 550	4 650	3 150	3 200
	80	4 300	4 400	3 000	3 050
及格	78	4 180	4 280	2 900	2 950
	76	4 060	4 160	2 800	2 850
	74	3 940	4 040	2 700	2 750
	72	3 820	3 920	2 600	2 650
	70	3 700	3 800	2 500	2 550
	68	3 580	3 680	2 400	2 450
	66	3 460	3 560	2 300	2 350
	64	3 340	3 440	2 200	2 250
	62	3 220	3 320	2 100	2 150
	60	3 100	3 200	2 000	2 050

续表

等级	成绩	大一、大二男生	大三、大四男生	大一、大二女生	大三、大四女生
不及格	50	2 940	3 030	1 960	2 010
	40	2 780	2 860	1 920	1 970
	30	2 620	2 690	1 880	1 930
	20	2 460	2 520	1 840	1 890
	10	2 300	2 350	1 800	1 850

（资料来源：袁尽州、黄海,2014）

（二）最大摄氧量

1. 测量仪器

功率自行车或跑台、双向活瓣呼吸口罩、自动气体分析仪、导电膏与电极等仪器,都可以用来测量青少年的最大摄氧量。

按 BRUCE 方案调节运动速度与跑台坡度,将步行坡度和速度分为 7 个等级。每级负荷运动 3 分钟时间。运动时学生的双手要离开扶手,直到用尽全身力气。各阶段的速度与坡度如表 6-12 所示。

表 6-12　BRUCE 递增运动负荷方案

阶段	速度/(千米·小时$^{-1}$)	坡度/%
1	2.7	10
2	4.0	12
3	5.4	14
4	6.7	16
5	8.0	18
6	8.8	20
7	9.6	22

（资料来源：袁尽州、黄海,2014）

2. 测量方法

测试前,先让学生了解测试方法和要求,并进行适应性练习,以消除他们的紧张心理。

具体的测量步骤如下。

第一步:将电极贴准,确保口罩不存在漏气的情况后,把呼吸口罩带好。

第二步:学生按上述运动方案开始运动,力气消耗完的时刻为测试的结束时刻。

第三步:每级最后30秒自动记录心率及气体分析数据并打印、绘图。

3. 评价

最大摄氧量测试的评价标准如表6-13所示。

表6-13 最大摄氧量(相对值)评价标准(单位:毫升·千克⁻¹·分钟⁻¹)

评价等级	性别	年龄/岁	
		13—19	20—29
超优	男	≥56	≥52.5
	女	≥42	≥41
优	男	51～55.9	46.5～52.4
	女	39～41.9	37～40.9
良	男	45.2～50.9	42.5～46.4
	女	35.0～38.9	33.0～36.9
中	男	38.4～45.1	36.5～42.4
	女	31.0～34.9	29.0～32.9
下	男	35.0～38.3	33.0～36.4
	女	25.0～30.9	23.6～28.9
差	男	<35	<33
	女	<25	<23.6

(资料来源:袁尽州、黄海,2014)

二、感觉机能的测量与评价

感觉是大脑对刺激感觉器官的客观事物的属性的反映。感觉和体育运动息息相关。一般来说,感知觉的精细程度与动作的协调性、灵敏度成正比。个体的感知觉越精细,动作就越协调,动作的灵敏度就越高。可见,感知觉功能的好坏对运动者所能达到的运动水平和运动成绩有着很大的影响。感觉包括运动觉、听觉、平衡觉、皮肤感觉、机体觉等。这里重点分析以下几种。

（一）视觉

遗传因素对视觉有很大的决定作用，如色盲就是单基因遗传的。每一个运动者必须具备良好的视觉。如果运动者的视觉不够好，就会增加运动的风险，甚至导致运动者无法实施运动。因此，视觉通常是运动选材的重要指标之一。立体视觉是视觉中的一种。立体视觉是一个反映远距离视觉平衡能力的指标。以球类运动为例，它对运动员精细、准确地判断人与球的空间关系和距离具有重要作用。

（二）臂、腿动觉

臂、腿动觉是个体臂、腿本体感觉的准确性的一种体现。毫无疑问，良好的臂、腿动觉也是运动者必备的素质之一。运动者的臂、腿本体感觉越准确，就越能提高自身的运动能力和水平。

对臂、腿本体感觉进行测量是很有必要的，因为它可使青少年提高某些动作技术的运用质量，认识到不同项目的运动技术的掌握要领。

以单脚支撑维持身体平衡测量为例，闭眼单脚站立测试仪，测评方法具体如下。

第一步：受试者单脚支撑地面，另一脚放在支撑腿膝部的内侧，两手侧方向平举。

第二步：受试者尽可能长时间地保持平衡姿势。

在受试者非支撑腿离地的瞬间开始计时，非支撑脚着地时计时结束。测量两次。

测试评价：取两次测试中的最佳值，记录测验成绩，具体评价标准参考表 6-14。

表 6-14　闭眼单脚站立测验评价标准（单位：秒）

性别	年龄（岁）	P_{10}	P_{25}	P_{50}	P_{75}	P_{90}	P_{97}
男	20—24	6.0	13.0	27.0	59.0	99.0	150.0
	25—29	5.0	11.0	24.0	49.0	86.0	143.0
	30—34	5.0	10.0	20.0	42.0	75.0	125.0
女	20—24	6.0	12.0	25.0	53.0	97.0	150.0
	25—29	5.0	10.0	22.0	46.0	84.4	148.0
	30—34	5.0	9.0	19.0	40.0	73.0	128.0

（资料来源：袁尽州、黄海，2014）

(三)动作频率感觉

动作频率感觉是反映个体摆臂与抬腿的动作频率感及最高动作频率的重要指标。测试动作频率感觉时要注意记录摆臂、摆腿的最高频率及复制误差,一般来说,频率越高,误差越小,说明运动员的动作频率感越强。

三、循环机能的测量与评价

人体的循环系统主要是由心血管系统构成的闭锁管道。循环系统是个体体质的一种体现,也是衡量运动素质的一个重要指标。如何来衡量人体的循环系统呢?脉搏和血压是两个重要指标。通过测量脉搏和血压,可以了解个体在运动前后心血管系统的变化情况。

对心血管机能进行测评的方式主要有如下两种。

(一)台阶试验

1. 台阶试验的方法

台阶试验是让受试者在台阶前面站立,以节拍器发出的 30 次分频率的提示音为标准做上、下台阶运动。台阶测试的方法具体如表 6-15 所示。

表 6-15 台阶测试的方法

步骤	动作要领
第一步	听到第一声响时,一只脚踏在台子上。
第二步	听到第二声响时伸直踏台腿,接着另一只脚跟上台上站立。
第三步	听到第三声响时,先踏上台的那只脚下来。
第四步	听到第四声响时,另一只脚下地,还原成预备姿势。

(资料来源:袁尽州、黄海,2014)

运动结束后,就可以采集受试者的脉搏数,可以是人工采集,也可以是自动采集。如果是人工采集,就记录受试者在结束运动后的 1~1.5 分钟、2~2.5 分钟、3~3.5 分钟的三次脉搏数。如果是自动采集,让受试者迅速在椅子上静坐,把测试仪的指脉夹夹在受试者的中指前方,测试仪将对受试者的三次脉搏数进行自动采集。最后,测试者在卡片中记录运动时间和三次心率值。

如果受试者无法坚持做完运动,或在测试中连续三次都跟不上频率,测试人员应先对受试者的运动进行阻止,然后用同样的方法测取受试者的三次脉搏数,最后在卡片中做记录。

2. 台阶测试的注意事项

进行台阶测试时要注意以下几点。

第一,如果青少年的心脏功能欠佳或患有或大或小的心脏疾病,就不能接受测试。符合条件的受试者在测试前不可以进行剧烈活动。

第二,严格按照节拍器的节奏做上下台阶运动。

第三,登上台阶后要伸直腿。

第四,测试者准确记录受试者的三次 30 秒的脉搏数。

台阶试验的评价计算公式为:

$$台阶指数 = \frac{运动持续时间(秒) \times 100}{(f_1 + f_2 + f_3) \times 2}$$

(二)联合机能试验

联合机能试验主要由三部分组成,即原地慢跑、30 秒 20 次蹲起和 15 秒快跑。

1. 原地慢跑

原地慢跑三分钟(男)或两分钟(女),速度为每分钟 180 步。跑后测量五分钟恢复期的心率和血压。

2. 原地 15 秒快跑

测试方法具体如下。

第一步:测定受试者处于安静状态下的脉搏和血压。

第二步:让受试者以 100 米赛跑的速度原地跑 15 秒。

第三步:立即测 10 秒的脉搏,紧接着在后 50 秒内测血压。连续测试四分钟。

原地 15 秒快跑的注意事项如下。

第一,跑步结束后立即测试受试者的脉搏。

第二,跑动过程中应严格按照 100 米赛跑的速度跑动。

测定的结果有五种类型。

第一,正常反应。

第二,紧张性不全反应。

第三,梯形反应。

第四,紧张性增高反应。

第五,无力性反应。

在评定试验结果时,要通过多次重复测定才能做出结论。

3. 30 秒做 20 次蹲起

具体测试方法如下。

第一步:让受试者静坐十分钟,测量安静时的心率和血压。

第二步:令其 30 秒匀速蹲起 20 次。

第三步:测 10 秒的脉搏,紧接着在后 50 秒内测血压。如此连续测三分钟。

30 秒做 20 次蹲起测试的注意事项如下。

第一,下蹲时足跟不离地,两膝要深屈,两上肢前平举。

第二,起立时恢复站立时姿势。

总之,联合技能试验的负荷强度大,试验时间长。

第三节　青少年身体素质的测量与评定

一、力量素质的测量与评定

(一)握力

握力也是个体力量的一种反映。一个人的力量大,通常握力也比较大。人前臂和手部肌肉的力量主要通过握力体现出来,其他肌群的力量也能够通过握力有一定程度的反映。

当然,力量能够间接反映一个人的健康状况。健康状况好的人,握力就能维持在较高的水平;健康状况下降时,握力就会相应地下降。《学生体质健康标准》将握力列入测试项目。握力的测试情况如表 6-16 所示。

表 6-16　握力的测试

测试仪器	根据受试者手掌的大小选择握力计（型号为大、中、小）。
测试方法	用左（或右）手持握力计尽力抓握，左、右手各测两次。
注意事项	身体保持正直，双臂自然下垂。
测试记录	每次抓握后，记录握力计指针读数（千克）。
测试评价	握力单一评价（百分位数）。
	握力指数评价：握力体重指数为每千克体重的握力，是对肌肉相对力量的反映。

（资料来源：袁尽州、黄海，2014）

最后值得一提的是测试评价。握力受体重的影响，一般来讲，体重越大，握力越大。身材魁梧的人与身材瘦小的人相比，握力相对更大。因此，采用握力体重指数进行评价，可以避免不公平的因素给握力测试带来的误差。

（二）背力

背力就是背部肌肉的力量。测量器材一般是背力计或弹簧秤、磅秤。测量方法如表 6-17 所示。

表 6-17　背力的测量方法

测试步骤	第一步：双足站在背力计的底盘上，调节拉杠高度。
	第二步：上体前倾，双手正握拉杠，身体用力上抬。
注意事项	肘、膝关节保持伸直，不猛然用力。
测试记录	测两次，记录各次测验的读数（千克），然后使指针回零。
结果计算	取最大值除以自身体重，以其商为成绩。

（资料来源：袁尽州、黄海，2014）

二、灵敏素质的测量与评定

（一）象限跳

1. 场地器材

在平坦场地上进行测试，准备好秒表。

2. 测量操作

第一步:学生在起点线后站立,并拢双脚。

第二步:按起点→1→2→3→4→1 的顺序反复跳跃,双脚同时跳起和着地。

第三步:持续 10 秒,跳入 1 个象限计 1 次。如果学生踏线或跳错象限,1 次减 0.5 次(图 6-1)。

每个学生都有 2 次测试机会,取其中最佳一次成绩为最终测试成绩。

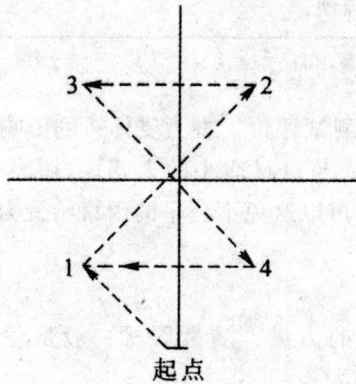

图 6-1 象限跳

(资料来源:孙庆祝、郝文亭、洪峰,2010)

3. 评价

象限跳的次数越多,越能体现学生有着较强的支配肌肉运动的能力,越能说明学生克服身体惯性的能力强。具体评价标准如表 6-18 所示。

表 6-18 象限跳测试的评价标准

等级	大学男生	大学女生
优	≥31	≥33
良	25～30	27～32
中	13～24	14～26
下	7～12	8～13
差	0～6	0～7

(资料来源:袁尽州、黄海,2014)

(二)"十字"变向跑

1. 场地器材

在平坦的场地上进行测试,准备好口哨、秒表、标杆(5 个)这几种基本的工具。

2. 测量操作

第一步:学生在起跑线后站好,听到哨声后快速跑向 E 杆。
第二步:经过 E 杆后依次从 B、C、D 杆绕过,按顺时针向右变化方向。
第三步:最后一次经过 E 杆后,向终点冲刺。
第四步:记录时间,精确到 0.1 秒(图 6-2)。
每个学生都有 2 次测试机会,取其中最佳的一次成绩为最终测试成绩。

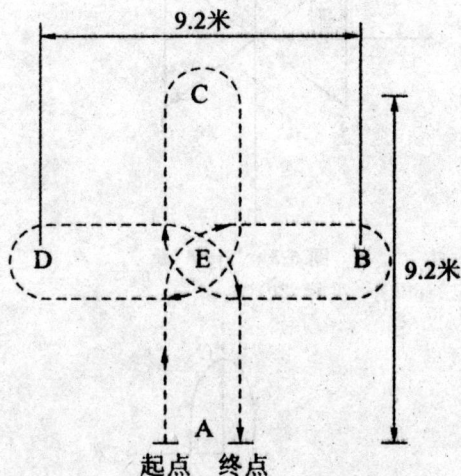

图 6-2 "十字"变向跑

(资料来源:孙庆祝、郝文亭、洪峰,2010)

3. 评价

"十字"变向跑的时间越短,说明学生快速变换身体方向的能力越强。具体评价标准如表 6-19 所示。

表6-19 "十字"变向跑测试的评价标准

等级	大学男生	大学女生
优	≤10.79	≤12.60
良	10.80～11.49	12.61～12.99
中	11.50～12.60	13.00～14.59
下	12.61～13.90	14.60～15.99
差	≥13.91	≥16.00

(资料来源:袁尽州、黄海,2014)

除以上两项测试,也可以通过"十字"跳(图6-3)、Z字形跑(图6-4)、飞镖式跑(图6-5)、蛇形跑(图6-6)等方法测量学生的柔韧性。

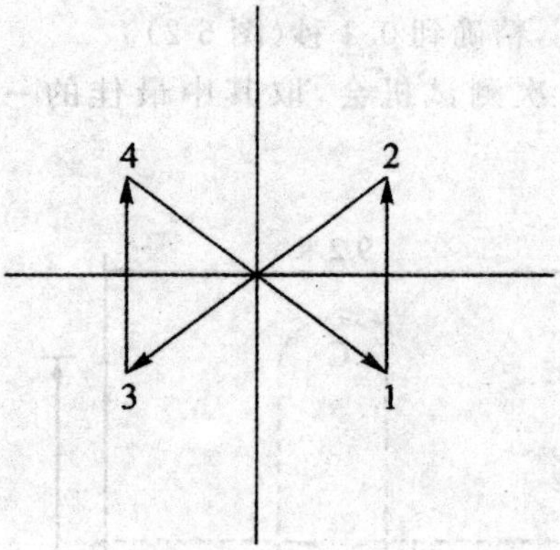

图6-3 "十字"跳

(资料来源:孙庆祝、郝文亭、洪峰,2010)

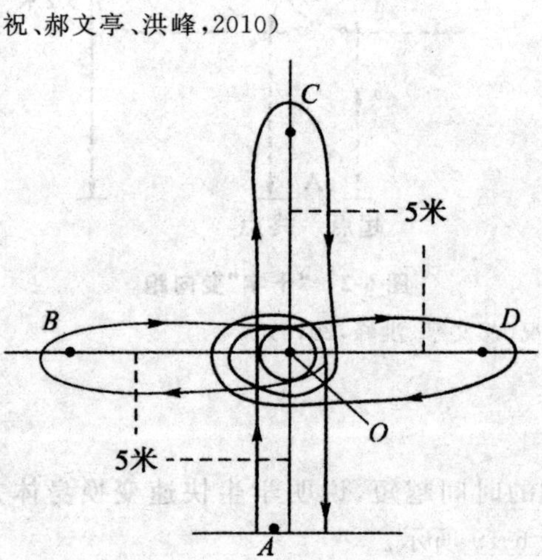

图6-4 Z字形跑

(资料来源:孙庆祝、郝文亭、洪峰,2010)

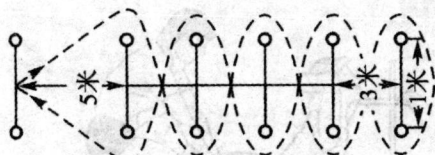

图 6-5 飞镖式跑

（资料来源：孙庆祝、郝文亭、洪峰，2010）

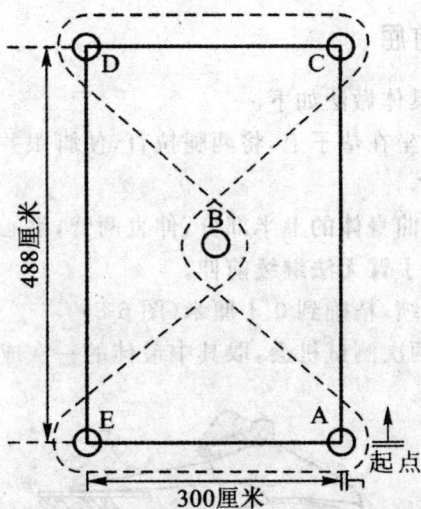

图 6-6 蛇形跑

（资料来源：孙庆祝、郝文亭、洪峰，2010）

三、柔韧素质的测量与评定

（一）俯卧背伸

俯卧背伸的具体做法如下。

第一步：学生在平坦地上俯卧，尽量将两腿伸直，使两只脚的距离控制在 45 厘米左右，十指交叉放在后脑勺位置，同伴用手将受试者的两腿按住。

第二步：受试学生尽力抬头、伸直背部，然后仰至最高点。

第三步，以厘米为单位，测量下颌点至地面的距离（图 6-7）。

每个学生都有两次测试机会，取其中最佳的一次成绩为最终测试成绩。

测量值越大，说明学生的躯干和颈部的伸展能力越好。

图 6-7　仰卧起坐示范

（资料来源：孙庆祝、郝文亭、洪峰，2010）

（二）坐位体前屈

坐位体前屈的具体做法如下。

第一步：笔直地坐在垫子上，将两腿拉直，使脚跟并拢，并且让脚尖分开踩在测量计平板上。

第二步：向前弯曲身体的上半部分，伸直两臂，手心朝下，用两手中指尖推动游标前滑，直到手臂无法继续前伸。

第三步：记录成绩，精确到 0.1 厘米（图 6-8）。

每个学生都有两次测试机会，取其中最佳的一次成绩为最终测试成绩。

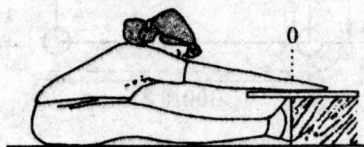

图 6-8　坐位体前屈示范

（资料来源：孙庆祝、郝文亭、洪峰，2010）

测量值越大，说明学生的躯干和下肢韧带的柔韧性和弹性越好。

《国家学生体质健康标准》提出了青少年坐位体前屈的具体评分标准，如表 6-20 所示。

表 6-20　青少年坐位体前屈测试评分标准（单位：厘米）

等级	成绩	大一、大二男生	大三、大四男生	大一、大二女生	大三、大四女生
	100	24.9	25.1	25.8	26.3
优秀	95	23.1	23.3	24.0	24.4
	90	21.3	21.5	22.2	22.4

续表

等级	成绩	大一、大二男生	大三、大四男生	大一、大二女生	大三、大四女生
良好	85	19.5	19.9	20.6	21.0
	80	17.7	18.2	19.0	19.5
及格	78	16.3	16.8	17.7	18.2
	76	14.9	15.4	16.4	16.9
	74	13.5	14.0	15.1	15.6
	72	12.1	12.6	13.8	14.3
	70	10.7	11.2	12.5	13.0
	68	9.3	9.8	11.2	11.7
	66	7.9	8.4	9.9	10.4
	64	6.5	7.0	8.6	9.1
	62	5.1	5.6	7.3	7.8
	60	3.7	4.2	6.0	6.5
不及格	50	2.7	3.2	5.2	5.7
	40	1.7	2.2	4.4	4.9
	30	0.7	1.2	3.6	4.1
	20	−0.3	0.2	2.8	3.3
	10	−1.3	−0.8	2.0	2.5

（资料来源：袁尽州、黄海，2014）

除以上两项测试，还可以采用左右劈腿（图 6-9）、前后劈腿（图 6-10）、关节运动幅度（图 6-11）、转体（图 6-12）等方法测试青少年的柔韧素质。

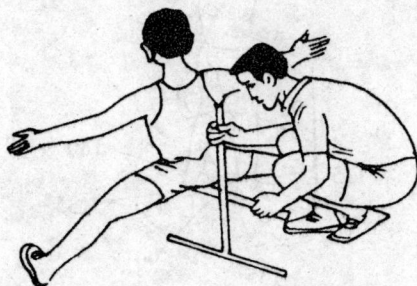

图 6-9　左右劈腿示范

（资料来源：孙庆祝、郝文亭、洪峰，2010）

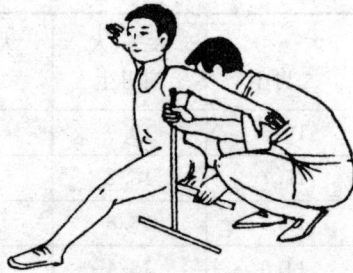

图 6-10　前后劈腿示范

（资料来源：孙庆祝、郝文亭、洪峰，2010）

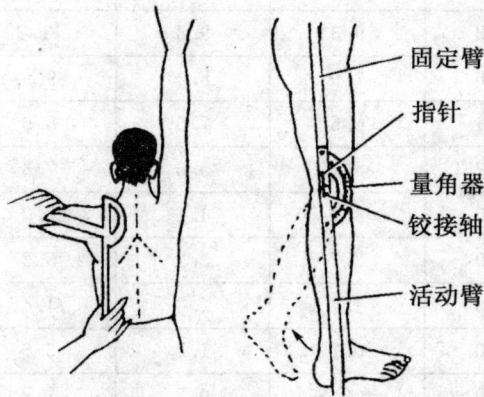

图 6-11　关节运动幅度示范

（资料来源：孙庆祝、郝文亭、洪峰，2010）

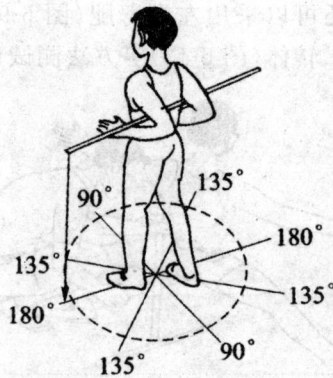

图 6-12　转体示范

（资料来源：孙庆祝、郝文亭、洪峰，2010）

第四节　青少年体质健康测评体系 存在的问题及对策

一、青少年体质健康测评体系存在的问题

(一)对体质测评重视不够

受传统应试教育理念的影响,我国很多学校依然信奉"唯成绩论"的观点,没有对体质测评给予足够的重视。有的学校只是将青少年体质健康测评视为完成教学工作的辅助手段,根本没有了解学生体质健康测试的基本内容、基本目标,当然更不会宣传学生体质健康测试。有的学校也开展了体质健康教育测试,但只是流于形式,没有研究制定出比较完善的测试系统,从而导致测试的效度和信度不高,难以真正反映学生的体质健康水平。

(二)硬件条件不达标

体质测试需要一定的仪器,良好的硬件设施是体质测试必备的工具和手段,也是达到测试准确性的重要保障。体质测试的硬件设施包括体质测试的场地、测试仪器、工具、测试的相关辅助器具和一些耗材等。但从现实情况来看,很多学校在仪器选择方面没有进行充分调研,对成本考虑过多,导致仪器设备选购质量不高,从而影响测量成绩。很多学校体质测试的场所也拥挤不堪,要在有限的时间内安排测试数量庞大的学生,因此很容易出现一些问题,最终影响测试结果。此外,各方人员与设备场地的配合出现问题,这也是导致测试数据不准确等问题的重要原因。

二、青少年体质健康测评体系完善的对策

(一)加大对青少年体质健康测评的重视

为了加大学校对青少年体质健康测评的重视,需要极力宣传青少年体质健康测评。在宣传之前,首先需要研究青少年体质健康测评的意义所在,同时理清青少年体质健康测评具体实施的方法。人们只有先认同了某件事物的意义,然后了解了实施过程,才能彻底接受新事物。

（1）体育部门首先应该明白自身应承担的职责，然后科学规划自己所应该实施的任务，把相应的时间安排好，邀请上级部门对青少年体质健康测评进行观摩并指导。

（2）学校自身要多做调查研究，深刻地分析体质健康测试的目标，然后在此基础上制定测评的内容和要求，并设计出合理的测试方案，向全校师生宣传体质测评的政策。

（3）教师要有自我提升的意识，要不断接受新鲜事物，要能认识到新理念的价值，不断加强自身的培训，对青少年体质健康测评的要求和技巧进行研究探索，全面了解每一个测试项目，以便顺利地实施体质测评。

（4）青少年自身的意识也须加强，当然这受教师、同学和家庭的影响。青少年体质健康测评最终的落脚点还是青少年，最后还是需要得到青少年的重视。

（二）健全体育器材设备并注意更新和维护

健全相应的体育器材设施，也是能够促进学生体质健康发展的重要措施之一，具体来说可以从下面几个方面着手。

（1）建议国家统一型号和测验设备厂家，严格按照国家统一规定的相关的体质测试仪器标准开展仪器设备采购，确保设备精度和质量，从而提高仪器的统一性和数据的准确性。

（2）学校的资金投入应该略微向体育器材部分倾斜，在购买体育器材时多对比几个厂家的器材，然后选择性价比高的品牌。体育器材一旦投入使用，就会发生损耗，所以后期应该加强对体育器材的维修和管理。

总之，要注意更新和维护体质测试的设备和场地，最好安排固定的人员来从事这一工作，这些人员在测评之前一定要审查测评场地和设备的质量，要保证完好，以便体测工作顺利进行。

（三）加强组织管理，提高教师业务能力

学校要有专门的相关部门负责学生体质健康测评工作，尽量选择项目多、周期长的体质测评活动，监控学生体质测试的成绩。如果有必要，可以将体质测评的一些内容纳入体育教学中，向学生宣传和普及体质测试的价值和意义，提高学生对体质测评的认识，使学生注重自己体质健康的改善。

第七章　青少年体质健康管理与运动安全体系的构建

人类可控制利用的健康资源是非常有限的,只有管理好健康资源,才能有效地利用有限的资源达到最大的健康效果。本章就来构建青少年体质健康管理与运动安全体系。

第一节　青少年体质健康管理概述

健康管理是对个人或人群的健康危害因素进行全面管理的过程。对于青少年而言,体质健康管理是非常重要的,通过对健康管理的了解与把握,选择恰当的健康管理方案,便于青少年以较低的投入获取良好的健康回报。

一、健康管理的定义

所谓健康管理,是指为了实现对疾病预防与治疗、对身体健康加以促进与保持的目的,基于管理学理论的指导,将多个相关学科的理论与方法进行综合,从而提高社会的健康意识,对社会群体健康行为加以改善,提升个体生活的质量,是一项有组织、有计划的系统活动过程。简单而言,它是对某个人或者某一群体的健康危险因素加以管理的过程,其目的在于调动集体与个人的积极性与主动性,将有限的资源加以利用,实现最大的健康效果。

健康管理有许多类型,根据健康管理的对象不同,可以将健康管理分为个体健康管理、团队或群体健康管理。个体健康管理是指以个体为管理单位进行的健康管理,它一方面要求个体了解和掌握自己的健康状态,并积极主动地接受适宜的医疗、保健服务;另一方面要求与健康相关的专业人员和机构积极地了解和掌握个体的相关健康情况,及时为个体提供健康相关服务。团队或群体健康管理是指以有一定组织构架的团队或群体为单位进行的健康管理,它要求一个团队根据自身的特点建立自己的健康管理体系,了解和掌握团队的健康信息,与相关健康管理专业机构协作制定团队的健康对策,提供包括健康文化在内的丰富的团队健康资源。团队健康管理又可以进一步细分为健康人群健康管理、亚健康人群健康管理与疾病人群健康管理。

根据健康管理服务来源不同,可以将健康管理分为自我健康管理和社会健康管理。自我健康管理是指以被管理者自身或者团体的自我健康管理为主、以与健康相关的专业人员和机构的健康管理作为辅助的一种管理模式。社会健康管理是指以社会健康管理服务机构为主、以被管理者积极参与配合展开自我健康管理为辅助的一种管理模式。

二、健康管理的理论基础

健康管理的理论基础涉及医学、行为科学、管理学、经济学、营养学、社会学、教育学、体育学、传播学等多个学科的基本理论和基本原则。其中最主要的理论基础有如下两个。

(一)健康危险因素的可控性

在众多的健康危险因素中,有些因素是可以人为改变的,而有些因素是不能人为改变的,因此可将导致健康问题或疾病的危险因素分为可改变的危险因素与不可改变的危险因素。可改变的危险因素包括行为与生活方式等,可因人为控制而改变,如采用均衡饮食、增加运动、戒烟等方式。随着可改变危险因素的变化,个体或群体患多种慢性疾病的风险将发生变化,如随着行为和生活方式的改善,个体或群体患糖尿病、冠心病、中风和乳腺癌等的风险将降低。不可改变的危险因素包括个体的生物学特征、遗传基因等不可人为控制的危险因素。研究发现,通过合理地改变可改变的危险因素,个体或群体出现健康问题或患病的风险将得到控制并降低。例如,据美国有关专家的调查,只要有效地控制行为,如不合理的饮食、缺乏体育锻炼、吸烟、酗酒和滥用药物等,危险因素就能减少 40%。

(二)健康危险因素与人类疾病谱

由于医学模式的转化,人类的疾病谱已发生变化。肥胖症、糖尿病、高血压、心脑血管疾病、癌症、精神性疾病等非传染性慢性疾病已成为主要的死亡原因,这些疾病与生活方式密切相关。在影响健康的因素中,行为和生活方式已成为主要的因素。据世界卫生组织的统计分析,人的健康 60% 取决于行为与生活方式,15% 取决于遗传因素,8% 取决于医疗服务条件,7% 取决于气候。

因此,通过改变行为与生活方式等可改变健康的危险因素是完全有可能达到促进健康、降低患病率、提高生活质量、延长寿命的目的的。但另一方面,人的健康受众多因素的影响,包括行为与生活方式因素、社会因素、环境因素、遗传因素、心理因素、医疗保健因素等。其中,个体或群体可控制的健康因素和健康资源是有限的,因此人的健康是个系统工程,必须依靠多学科、全方位的科学知识来指导。只有充分调动个人与群体的积极性,管理和协调各方面的因素,才能有效地利用有限的资源来达到最佳的健康效果,这个过程实质上就是一个健康管理过程。

三、健康管理的具体模式

(一)管理者模式

管理者模式包括个人或群体健康信息管理、个人或群体健康与慢性病危险性评价、个人或群体健康计划及其改善的指导三个部分。

(1)个人或群体健康信息管理。个人或群体健康信息管理是指个人或群体健康信息的采集与跟踪的管理过程。信息采集的途径包括日常生活调查、正常体检(健康体检)、疾病检查等。采集的信息包括个体的年龄、性别、身高、体重等基本情况,以及家族病史、膳食习惯、生活方式(如吸烟、睡眠、体力活动、锻炼、精神及社会因素等),体检后得出身体各系统的功能状况、实验室检查后理化指标值等。

(2)个人或群体健康与慢性病危险性评价。个人或群体健康与慢性病危险性评价是指在完成个人健康信息收集后,通过疾病危险性评价模型得出按病种分类的疾病危险性评价及其主要影响因素报告,从而预测个人或群体在一定时间内发生某种疾病或健康危险的可能性。

(3)个人或群体健康计划及其改善的指导。个人或群体健康计划及其改善的指导是指在明确个人或群体患慢性病的危险性及疾病危险因素分布的基础上,制定个人或群体健康改善的行动计划及指南,对不同危险因素实施个性化的健康指导。通常是根据个体不同危险因素间组合的特点,筛选出个人健康管理处方,使每个人都能更有效地针对自己的危险因素采取相应的措施。

(二)被管理者模式

被管理者模式包括三个部分:了解自己的健康、明确自己的任务、采取行动。

首先要了解自己的健康,即被管理者通过健康管理服务或医疗卫生服务机构的健康评价,并结合相关的资源系统,了解自己的健康状态及其发展趋势。

其次要明确自己的任务,即被管理者在健康管理机构或其他社会支持系统的支持下,确定哪些是可以改变或可控制的健康危险因素,确定健康改善目标、健康改善方法和手段。

最后采取行动,即被管理者在健康管理机构或其他社会支持系统的支持下积极地行动,从而实现个人健康改善目标。

四、健康的自我管理与健康的社会管理

(一)健康的自我管理

健康的自我管理是在系列健康教育课程或健康资讯的帮助下,掌握健康生活方式的基本知识和管理技能,充分利用各种社区资源,通过个人的努力对自身不良的行为和生活方式进行校正,降低健康危险因素,提高健康水平的自我管理活动。

在影响健康的诸因素中,行为和生活方式是最主要的因素,至少60%以上的死亡原因直接或间接与行为和生活方式有关。世界卫生组织在维多利亚宣言中提出了健康的四大基石:"合理膳食,适量运动,戒烟限酒,心理平衡"。这四大基石全部涉及行为和生活方式。这也是健康的制约因素中,通过个人努力完全可以改变、可以把握的唯一因素。因此,健康自我管理主要针对健康运动的自我管理、健康膳食的自我管理、健康行为与生活方式的自我管理、压力控制及社会支持资源的自我管理来进行。

健康自我管理系统的基本构架至少应该包括健康评估子系统、健康计划子系统、健康计划监督与反馈子系统和社会支持子系统四个子系统,如图 7-1所示。

1.健康评估

健康评估子系统通过多种途径对自我健康状况做出评估,主要包括自我评估、医疗服务机构评估和社会支持资源评估。健康评估是健康自我管理的出发点,是对健康进行准确的评估及对评估结果的正确认识和理解,对保证

健康自我管理的效果具有极其重要的意义。健康自我管理的健康评估应该以医疗服务机构评估为核心。以医疗服务机构为核心包括两个方面的含义。

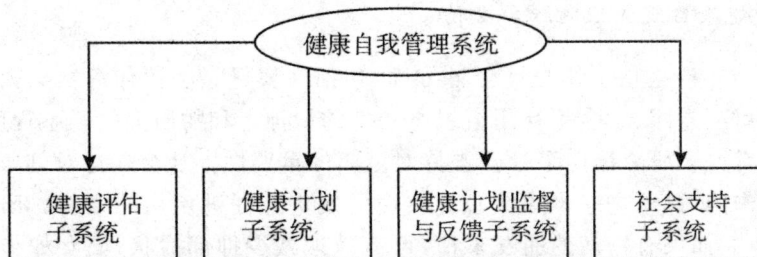

图 7-1　健康自我管理系统的基本框架

（资料来源：王健、马军、王翔，2006）

（1）健康自我评估的重点主要集中在行为与生活方式的自我评估。目前已有的健康自我评估手段只能对健康状况进行初步的估计，而且对不同的健康状况所应采取的行为与生活方式的调整是不同的。因此，在开始健康自我管理前应该通过医疗服务机构进行较全面的健康评估。

（2）健康自我评估的优点在于灵活方便，不受时间、经济条件限制。因此，要经常性地进行健康自我评价，一旦发现问题就应及时由医疗服务机构进行进一步的健康评估。此外，个体应利用社会支持资源，如家人、朋友及社会资源和信息资源库进行健康评估。研究证明，社会支持对身心健康有显著影响，即根据社会支持程度可以预测个体身心健康的情况。因此，对社会支持水平的评价也是健康自我评价的主要内容之一。

2. 健康计划

健康计划子系统的重点在于健康运动的自我管理计划、健康膳食的自我管理计划、健康行为与生活方式的自我管理计划、压力控制管理计划及社会支持资源的自我管理计划。由于受个体能力的限制，健康管理子系统涉及的目标应以阶段性短期目标为主，计划涉及的项目也应以一个个小项目为中心。同样，利用和管理社会支持资源在健康计划子系统中也有重要地位，有时社会支持资源甚至是保证健康计划子系统可行性的前提。因此，在健康计划中应充分考虑社会支持资源对健康计划子系统的影响力。

3. 健康计划监督与反馈

健康计划监督与反馈子系统是保证健康自我管理效果的关键。在健康计划监督与反馈子系统中,利用社会支持资源具有极其重要的作用。许多健康计划监督与反馈子系统主要由社会支持资源构成,如饮食控制计划的监督反馈,通常主要就是在家人的支持与监督下得以实施的。

4. 健康自我管理的社会支持

社会支持是指个体与社会各方面,包括亲属、朋友、伙伴等社会人以及家庭、单位、党团、工会等社团组织所产生的精神上和物质上的联系程度。

已有许多研究证明了社会支持对健康的重要性。社会支持对健康具有保护性作用,并可进一步降低心身疾病的发生并促进疾病的康复。研究发现,老年人如果有密切的朋友来往,可有效地减少抑郁症状;妇女如果与他人有密切的信赖关系,患精神疾病的可能性就很小。

在健康自我管理系统中,社会支持子系统包括客观社会支持、主观社会支持、社会信息资源、社会支持的获取和利用等多个方面。社会支持子系统可以被看成健康管理系统中最主要的外部资源和辅助系统,其他子系统的运行都有赖于社会支持子系统的状况,不善于获得和利用社会资源,将使健康自我管理不能实施。此外,源于社会支持与健康的关系,社会支持本身又是健康自我管理的主要管理对象。健康自我管理强调充分利用社会资源,取得社会支持,这是健康自我管理得以科学实施、持之以恒、富有成效的重要基础。

(二)健康的社会管理

健康的社会管理是指专业健康管理服务机构通过对个人和群体的健康状况、生活方式和居住环境进行评估,为个人和群体提供有针对性的健康指导,并干预实施。健康的社会管理是一种基于个人健康档案的个体化健康事务管理服务,它建立在信息化管理技术的基础上,从社会、心理、环境、营养、运动的角度为个人或群体提供全面的健康保障服务。

健康的社会管理是一个由专业人员(健康管理师)主导完成的,对个人或群体的健康危险因素进行全面监测、分析、评估以及预测和预防的过程。一个功能完善的社会健康管理服务系统通常由健康信息管理子系统、健康评估子系统、健康计划子系统和健康计划监督与反馈子系统四个子系统组成。各子系统包括的主要内容如图 7-2 所示。

1. 健康信息的采集与管理

健康信息的采集与追踪管理既是实施健康管理的第一步,也贯穿健康管理的全过程。其内容包括生物遗传因素,如年龄、性别、种族、身高、体重等;行为及生活方式因素,如吸烟、饮酒、运动、饮食、睡眠等;心理因素,如个性、情绪、压力、紧张度等;社会环境因素,如工作性质、居住条件、经济收入与家庭关系等;医疗服务水平,如社会健康保障体系的完善性、个人健康意识、医疗投资及医疗技术水平。此外个人医学问题,如既往病史、家庭病史、预防接种情况、生长发育过程和婚姻生育史等也是健康信息采集与管理的重要内容。健康信息采集是健康管理服务的基础,健康管理所有的服务都是基于正确的健康信息采集与管理展开的。

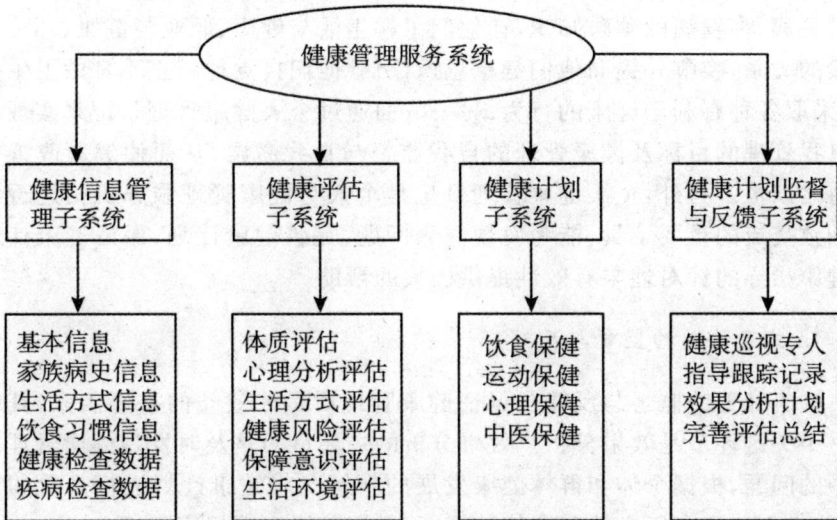

图 7-2　一个典型的健康管理服务系统

(资料来源:王健、马军、王翔,2006)

2. 健康评估

健康评估一方面是为了早期发现疾病,降低潜在性疾病的水平,实现有病早治;另一方面是结合个人生活行为、生理心理、社会环境等诸多因素的现实状况,对个体的健康发展做出前瞻性评价,包括对一系列的疾病危险因素的评价,确定个人患慢性疾病的危险程度及趋势,建立个人健康档案以供个人及医生制定干预措施时使用,实现无病早防。

3. 健康计划与健康指导

健康计划与健康指导包括两个方面的内容。第一,根据健康评估的结果,针对被管理群体中突出的健康问题,举行专题大众医学讲座,普及有关疾病预防的知识,指导人们在日常生活中有效预防相关疾病,保持健康。第二,根据健康调查和健康评估的结果,制定以危险因素控制为基础的个体化的保健计划和干预措施,主要包括:慢性病康复期、稳定期的管理;临床常见的一般性疾病和健康问题的处理;定期检查计划的制定和实施;行为校正,如戒烟帮助、饮酒限制、睡眠保证等;生活干预,如饮食指导、运动处理、合理膳食等;心理支持,如个性分析、心理咨询和心理疏导、压力缓解、社会适应能力改善等。

健康的自我管理是健康社会管理计划中不可或缺的内容。在实施健康计划的过程中,通常一方面通过健康教育进行卫生启蒙,特别是在居民中普及常见病、多发病的预防知识,让他们了解生活与健康、职业与健康、环境与健康的关系,唤醒并提高他们健康意识,引导他们自觉地纠正不良的卫生行为,采取各种有利于健康的行为;另一方面通过个人健康管理日记来实现健康自我管理的目标及健康管理的自我监督与自我激励,从而使健康改善行动持之以恒。另外,个人健康管理日记是个人与健康管理服务机构进行深入细致交流的重要工具,能为发现健康问题、完善健康计划、保证健康计划与健康指导的针对性与有效性提供极大的帮助。

4. 健康计划的监督与反馈

健康计划的监督与反馈是保证健康管理质量和效益的重要因素,其中的一个关键环节是效果分析。效果分析的主要目的是及时发现健康管理服务中的问题,根据个体和群体健康发展的新情况对健康计划进行必要的调整,使之更加适合于个体和群体的特征,保证最终实现健康目标。

第二节 青少年健康行为的建立

人类的行为表现各不相同,即使同一个人在不同的条件下,其行为表现也存在明显的差异,何况是不同的人。健康行为学研究认为,对人的行为进行研究的根本目的在于通过分析复杂的人类健康的相关行为,揭示健康的规律,从而有效地预测与控制人类的行为,促进人类的健康成长。

一、行为与健康行为

(一)行为

所谓行为,是指具有思维认知能力、个人意志、情感等心理活动的人对内外环境因素做出的能动反应。人的行为可以分为两种：一种是内在行为，另一种是外显行为。内在行为是指不能被他人直接观察到的行为，如思维活动、意识等；外显行为是指可以被他人直接观察到的行为，如言谈举止等。一般来说，可以通过对人的外显行为的观察来推测其内在行为。

人的行为包含五个要素：行为主体、行为客体、行为环境、行为手段、行为结果。

（1）行为主体：人。

（2）行为客体：人的行为目标指向。

（3）行为环境：行为主体与行为客体之间的客观环境。

（4）行为手段：行为主体对行为客体产生作用时应用的方法与工具。

（5）行为结果：行为主体料想的行为与实际结果之间相符的程度。

人类行为的形成是一个错综复杂的过程。人类的行为是人类为了维持个体的生存和种族的延续，在适应不断变化的复杂环境时所做出的反应。从行为学的角度来讲，任何一种行为的形成都是倾向因素、促成因素和强化因素这三大因素综合作用的结果，它们直接或间接地提高或降低某种行为的发生。

图 7-3 中的观点详细说明了三类因素之间的关系以及如何通过不同的途径影响行为，它由著名的健康教育学家格林博士提出。例如，若一位青少年对吸烟持消极态度，坚信吸烟有损健康（倾向因素），则结果是他不吸烟（行为），他的不吸烟行为又可受到父母的奖励（强化因素）。禁止向青少年销售香烟的强有力的法律法规可避免青少年购得香烟（促成因素）。相反，青少年若受到同伴吸烟的压力（强化因素），在商店又可买到香烟（促成因素），这两者可促使该青少年对吸烟持积极的态度（倾向因素），进而吸烟（行为），并被同伴的吸烟行为强化（强化因素）。

通常情况下，其顺序如下。一个人有某种理由、冲动或动机（倾向因素）想去实施某种行为。因果链中的第一类因素（倾向因素，箭头 1）足以激发行为的欲望，但不足以完成该行为，除非具备实现该行为的资源或技能。也就是说，有了动机，还须有使该动机成为行为的资源（促成因素，箭头 2），从而产生行为。对该行为的反应（箭头 3）表现在情绪、生理或社交方面（强化因素），这些反应就是强化因素，可强化该行为（箭头 4），强化未来的资源供给（箭头 5）和动机（箭头 6）。今天的强化因素可以成为明天的倾向因素（箭头 7）。

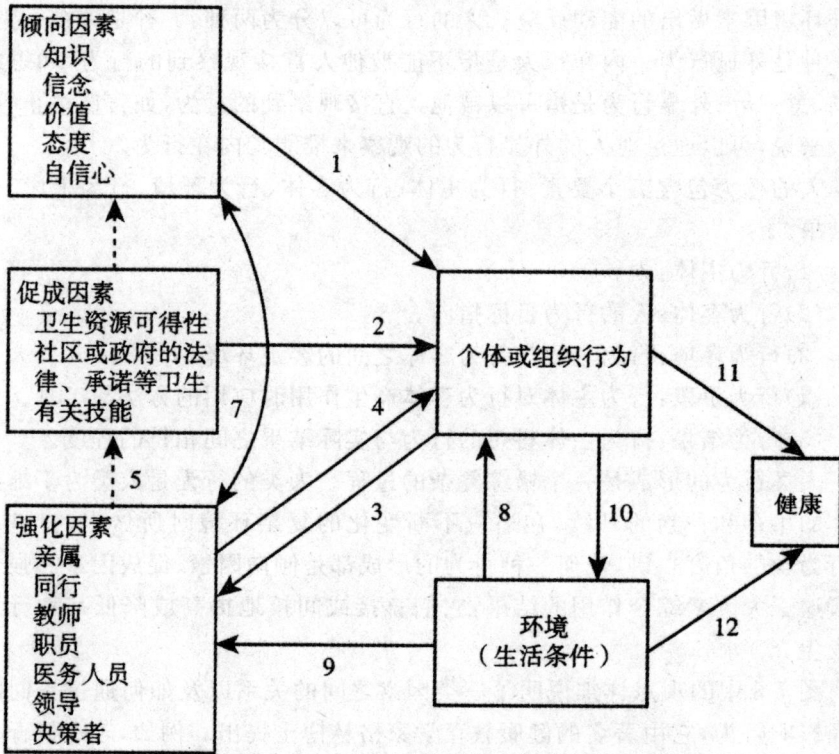

图 7-3　影响人类行为的因素及其相互关系

（资料来源：王健、马军、王翔，2006）

（二）健康行为

健康行为属于人类行为的一种，其内容随着人们对健康本质的理解而不断深化与丰富。所谓健康行为，是指人们为了增强体质、促进和维持身心健康、避免疾病而从事的某项活动。

在实际生活中，健康行为一般表现为两种：一是形成有利于健康的行为；二是减少或放弃危害健康的行为。

健康的行为一般包含如下四种。

（1）日常健康行为，如合理营养、睡眠充足、适量运动、注重个人卫生、保持生活节奏的规律性等。

（2）保健行为，如接受预防接种、定期体检、有病积极求医等。

（3）预防性行为，如避免环境中危害物质的侵入、系上安全带预防车祸等。

（4）改变危害健康的行为，如戒烟、戒酒、戒毒等。

二、影响健康行为的主要因素

影响健康行为的因素很多,主要包括生物因素、心理因素和社会因素几方面。世界卫生组织的报告指出:各种因素对人的健康和长寿的影响程度不同,遗传占 15%,社会因素占 10%,医疗条件占 8%,气候条件占 7%,而个人的生活方式和行为嗜好占 60%。

(一)生物因素

1. 遗传因素

遗传是生物的基本特征之一,人类的遗传决定了个体的种族与气质。人类能够进行言语活动、抽象思维,是通过把人类在劳动中所获得的生物特征一代一代地传递下来实现的。在影响健康行为的遗传因素中,遗传素质与遗传疾病是两个主要方面。

遗传素质是健康行为必需的物质前提,没有正常人的遗传素质,就没有正常健康的身体。遗传素质主要通过中枢神经系统的特征、感觉器官的灵敏度、运动器官的结构等素质影响人的身心发展。遗传疾病是由于生殖细胞或受精卵的遗传物质发生突变而引起的疾病,它对人类健康的影响也日益突出。

2. 先天因素

影响健康行为的先天因素包括近亲婚配及胚胎时期子宫内外的致病因素。近亲婚配是指有共同祖先的直系血亲和三代以内的旁系血亲的婚配。血缘关系越近,相同致病基因就越多,两个致病基因结合的概率就会大大提高。因而,近亲结婚者所生子女患遗传性疾病的机会远比非近亲结婚者大。

胚胎时期子宫内外的致病因素主要包括:一是母亲妊娠年龄,国内外研究表明,母亲妊娠年龄偏高者,其子女的智力发育低下;二是母亲妊娠时的不良行为,母亲妊娠时的饮酒、吸烟、药瘾等不良行为都能影响胎儿健康;三是母亲的身体健康状况,孕期患风疹、梅毒、艾滋病、营养不良、贫血、心脏病、尿毒症、子痫等疾病,都可导致孩子出现智力发育迟滞、人格发展异常与精神障碍等情况;四是母亲孕期的心理因素,孕妇在孕期受到外界各种生活事件的刺激,而产生情绪反应或心理失调,对胎儿的身心发育会产生直接的影响,是导致婴儿畸形的重要危险因素。

3. 生长发育状况

人在不同的生长发育期，身心变化不一，衡量与判断的指标也不相同。但是，如果在某一生长期出现与其生长发育不一致的现象，均为异常，有损于健康行为。不同生长发育期，有不同的身心特征，可出现不同的疾病，如儿童期容易患维生素 D 缺乏病（佝偻病），青少年期容易出现营养不良及心理性疾病，老年期容易患心脑血管和代谢性疾病等。因此，生长时期不同，实施的保健措施也不一样。

（二）心理因素

从医学心理学的角度看，人的心理状态直接影响着很多疾病的发生和转归，心理因素也可以导致许多躯体疾病与心理疾病，治疗时必须祛除心理因素才能根治。健康的心理状态，乐观、开朗的性格，使人心胸开阔、充满激情，使人的抗病能力处于恰当的水平，从而战胜疾病，对疾病的预防具有重要意义。

1. 健康的心理状态有益于疾病的预防

健康的心理状态能最大限度地发挥人的潜能，使人在承受各种心理和生理的压力时，可以避免心理障碍和神经、精神方面的疾病发生。研究表明，当人的情绪愉快时，机体可以分泌一种非常有益于健康的激素，使血液中淋巴细胞和吞噬细胞增多，从而增强机体的免疫功能，提高人体的免疫力。所以说，良好的心理状态对一些疾病的预防具有极其重要的意义，也是保持和促进身心健康的重要条件。

2. 健康的心理状态有益于疾病的康复

健康的心理能避免或减少疾病的发生，在患病时可以促进治疗，使人尽快地康复。这是因为人的情绪影响着机体的全部行为，对人的行为活动具有支配作用。积极的情绪能够激发人顽强、旺盛的生命力；而消极的情绪会使人对生活失去信心，从而丧失战胜疾病的勇气。所以，患病时切不可悲观失望，而要保持稳定的情绪和乐观的心态，主动配合医生进行治疗，积极有效地参加一些力所能及的体育锻炼，尽快地战胜疾病，达到康复的目的。

3. 健康的心理素质有利于对社会的适应

心理状态不同的人对各种客观刺激的承受力是不同的，对其做出的判断也就不大相同。具有良好心理素质的人能始终保持心情开朗、情绪稳定，能够正确客观地对待事物,能处理好主观与客观的矛盾冲突,增强对社会的适应能力,避免不利因素的干扰和危害,维持身心健康。而一个心理不健康的人,往往认识不到客观事物的本质,好感情用事,或偏执,或任性,常常陷入情感冲突的漩涡中不能自拔,给身心造成伤害。

(三)社会因素

自然环境、文化背景、社会环境、家庭结构、个人的健康行为对人们的健康行为都有重要影响。

1. 自然环境

自然环境中的各种生物因素,均可直接或间接地损伤人体的正常结构与功能。地域条件、地理环境同样会对健康产生影响。例如,在青藏高原可能患高原病;潜入海底,不注意防护可能患减压病;在某些地区因缺乏某种微量元素和特殊的饮食生活习惯易患"地方病"。

2. 社会环境

社会环境包括校外大环境和校内小环境。校外大环境包括政治环境、意识形态、经济状况和家庭环境。校内小环境包括学校的办学方针、教学条件、学校内部各种职能机构和社团群体、个体关系以及学校的校容校貌、校风校纪、预防保健和医疗服务等。

三、不良行为对健康的危害

世界卫生组织分析,不良的生活方式对健康的危害极大,如网瘾、吸烟、酗酒等。下面就分别介绍这些不良行为,并分析具体的危害。

(一)网瘾及危害

1. 网瘾

网瘾为"网络成瘾症"的简称。互联网的飞速发展改变着信息存储、加工、传递的方式,给人类的社会生活带来了巨大的变革,对人们的生活方式、心理行为产生了深刻的影响。成瘾者毫无节制地整日沉溺于网络交际、网络娱乐、网络色情、网络交易及强迫信息收集成瘾,这容易引发心身依赖现象。与其他成瘾行为一样,成瘾者具有痴迷状态、欣快感与虚空状态,其行为与现实相冲突,当被迫停止上网时表现出心神不宁等戒断反应。

2. 网瘾的危害

(1)对身体的危害。网络成瘾会致使青少年的视力逐渐下降,生物钟会变得更加紊乱,神经也会逐渐衰弱。也就是说,由于网络成因,他们很难保证足够的睡眠,打乱了自身的生物钟,三餐的质量与时间也很难保证,那么营养的摄入量必然不足。

如果停止了上网,往往会出现头痛、失眠等情况,消化也不好,容易恶心呕吐。同时,由于长期操作电脑,他们的姿势也不会发生很大改变,容易导致肌肉、骨骼等的损伤,如颈椎病、肩周炎等都是由此而来。

上网时间过长,大脑神经中枢持续处于高度兴奋状态,会引起肾上腺素水平异常增高,交感神经过度兴奋,血压升高,植物神经功能紊乱。此外,会诱发心血管疾病、胃肠神经官能症、紧张性头痛等病症。

(2)对心理的危害。青少年长期沉溺于网络,会出现情绪障碍,甚至社会适应困难,注意力与记忆力也会逐渐消退,对现实生活与工作失去兴趣,情绪容易低落,为人也非常冷漠。

同时,青少年长期上网容易与人疏远,情绪也容易暴躁,产生一些反常心理与行为,甚至走向犯罪。

过去,造成青少年心理问题的原因主要是人际关系、学业压力等,而现如今,沉迷网络成为其主要原因之一。一些青少年由于长期沉迷于网络而考试挂科,甚至放弃学业。另外,网络上存在着一些欺骗、赌博、犯罪行为等,很容易误导青少年的认知,使其形成错误的世界观与人生观。

(二)酗酒及危害

1. 酗酒

适量饮酒不是一个健康问题。少量饮酒对大多数人来说可以缓解焦虑情绪、刺激感觉、增强兴奋而抗忧郁;可解除人的抑制力,使胆子壮大,发出豪言壮语;可帮助睡眠等。最近还有些研究表明,适量饮酒能够延缓动脉硬化,提高智商。

问题在于正常饮酒与非正常饮酒之间的界限并不明确。很多人的饮酒行为都控制在经济、健康的范畴,这就是所谓的正常饮酒,但是有一部分人属于不正当饮酒。

第一,由于自己的饮酒行为失去控制,一次性摄入大量的酒精,导致酒精中毒,这就是所谓的酗酒。酗酒者不一定会形成对酒精的依赖,一些有过酗酒经历的人,每一次酗酒的频率可能是不一样的,有的人常常酩酊大醉,有的人仅仅是偶尔酗酒。酗酒者不一定会因为饮酒出现严重疾病,但是会经常出现一些法律、经济、社交问题。

第二,由于经常饮酒,会对酒精逐渐依赖,进而发展为慢性酒精成瘾。慢性酒精成瘾这一术语描述的是一种对酒精依赖的状况,患者对自己的饮酒行为失去控制,为了获取酒不择手段、不分场合、不计后果,并因此带来一系列的健康(包括躯体和精神健康)、社会、法律和经济问题。

2. 酗酒的危害

问题性饮酒的危害很大。酗酒和慢性酒精成瘾导致很多严重的健康问题。酒中的乙醇等物质对细胞有一定的毒性。酒能刺激消化道,产生食管炎、胃炎和胰腺炎。酒在肝细胞中氧化成乙醛,进而生成二氧化碳和水,要消耗肝细胞内很多的酶蛋白质,久之便会引发脂肪肝、肝硬化和肝癌。酒损伤心肌细胞使心肌纤维化,产生心肌炎。

第三节　青少年运动营养管理

运动和营养之间关系非常密切,运动使人体的能量有所消耗,因此运动后需要营养的摄入与补充。同时,在青少年体质健康管理中,运动营养管理尤其重要,下面做具体分析。

一、营养与营养素

(一)营养

所谓营养,即人体不断从外界获取食物,经过消化、吸收、代谢之后,运用食物中存在的有利于身体的物质,对生命活动进行维持的生理过程。

人体生长发育的主要过程就在于新陈代谢,在新陈代谢的过程中,人体往往需要吸收营养。合理的营养能够保证人体的生理机能更加正常,提升自身的免疫能力,预防疾病的发生,从而能够有更充沛的精力投入工作之中。

当人体缺乏营养时,人体的各项生理机能就会逐渐下降,人体的免疫能力也逐渐下降,严重时就会生病。就这一情况而言,科学的饮食、营养的获取是非常重要的,同时需要进行必要的锻炼。

(二)营养素

所谓营养素,是指人体从食物中获取的能够对人体生长发育与新陈代谢产生重要作用的物质。目前,人体所必需的营养素主要有 40 多种,根据生理作用与化学组成,可以划分为脂肪、蛋白质、维生素、糖类等成分,这些营养素对人体而言有着各自独特的功能,并且与人体的生理活动有着紧密的联系,共同对人体的生命活动进行调节。

一般来说,营养素的功能主要可以概括为如下三点。

(1)提供能量,保持体温。

(2)构成机体组织,对机体组织进行修补。

(3)对生理功能加以调节,维持人体正常的生命活动。

具体来说,人体基本营养素的功能与比例如图 7-4 所示。

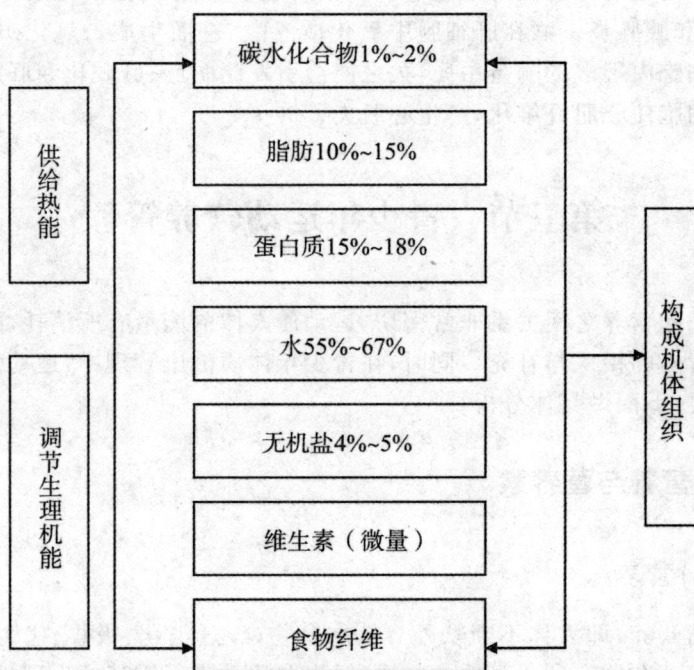

图 7-4 人体基本营养素的功用与比例

(资料来源:张友菊,2015)

二、青少年人群的膳食营养

(一)热量的营养需求

儿童少年处于生长发育期,脑力劳动和体力活动大量增加,因此对能量的需求量也非常高。大量的研究表明,儿童青少年生长激素的分泌量高于成人,使儿童青少年的身体组织成分增加,表现为体重和身高的增长。

据研究发现,儿童青少年适宜运动生理负荷的平均心率一般在120～140 次/分之间,日常能量供应充足时不需要额外增加(表7-1)。

表7-1　中国儿童青少年膳食能量推荐摄入量

年龄(岁)/性别		平均体重(千克)	基础代谢率(千卡/日)	轻体力活动(千卡/日)	中度体力活动(千卡/日)	重度体力活动(千卡/日)
6	男	19.8	944	1 479	1 669	1 860
	女	19.8	929	1 407	1 548	1 782
7	男	22.0	994	1 557	1 758	1 958
	女	22.0	972	1 472	1 619	1 864
8	男	23.8	1 035	1 621	1 930	2 039
	女	23.8	1 021	1 547	1 701	1 959
9	男	26.4	1 094	1 713	1 934	2 155
	女	26.4	1 080	1 635	1 799	2 072
10	男	28.8	1 155	1 808	2 041	2 275
	女	28.8	1 097	1 663	1 829	2 106
11	男	32.1	1 213	1 809	2 144	2 389
	女	32.1	1 145	1 735	1 908	2 197
12	男	35.5	1 272	1 992	2 249	2 506
	女	35.5	1 200	1 836	2 019	2 325
13—15	男	42.0	1 368	2 170	2 450	2 730
	女	42.0	1 263	1 933	2 126	2 448
16—17	男	54.2	1 600	2 610	2 937	3 345
	女	54.2	1 335	1 955	2 225	2 495

(资料来源:张友菊,2015)

(二)糖类的营养需求

在日常膳食中,食物中包含的糖类会逐渐被吸收,直到成为血糖。血糖对于人体而言非常重要,主要涉及脑与红细胞功能。

经过血液循环,血糖会被输送到肌肉与肝中,从而进行肝糖原和肌糖原的合成。

由于儿童青少年与成人相比，存在肌肉量较低的情况，因此儿童青少年体内的肌糖原储量也相对较低。鉴于此，儿童青少年需要足够的糖类摄入，在考试或参加运动锻炼时，可适当增加 10%～15% 的糖类，以维持机体对能量的需求。

(三)脂肪的营养需求

儿童青少年处于生长发育期，磷脂的摄入必不可少。但需要注意的是，摄入的脂肪要合理，不能过多，过多就会引起肥胖，进而影响其他营养素的吸收。一般情况下，在运动当日，儿童青少年的脂肪提供的能量占总能量的 25%～30% 比较适宜，在特殊环境下，如冬季，可适当增加一些脂肪的摄入以适应环境变化对人体的影响。

(四)蛋白质的营养需求

在儿童青少年时期，蛋白质的代谢往往趋于平衡，但是随着年龄的增加、体重的增长，肌肉生长也非常快。为了满足身体的发育需求，儿童青少年的蛋白质摄入量要明显比成人高，但是也因个体的体质不同而存在差异性。

一般来说，经常参加运动锻炼的儿童青少年蛋白质摄入量以每天 80～90 克为宜，这样基本上能够满足机体参与运动的需要。

(五)无机盐的营养需求

儿童青少年正处在生长发育旺盛的时期，应该特别注意补充无机盐。

(1)钙。儿童青少年正处在骨骼、牙齿发育的关键时期，因此在儿童青少年的饮食中应该供应充足的钙类。

(2)铁。铁缺乏是我国学龄儿童普遍存在的一个营养问题，缺铁易导致缺铁性贫血，儿童青少年对铁的需要量较成人高，需要特别予以关注。

(3)碘。碘是人体合成甲状腺素的重要原料，也是维持人体新陈代谢的重要物质。儿童青少年应食碘盐，在日常饮食中还应多食用含碘丰富的食物。

(4)锌。锌是酶的成分或酶的激活剂，可参与蛋白质合成。如果儿童青少年体内缺锌，可能会导致其出现生长发育缓慢的情况，还会有损儿童青少年智力的发育。因此，在饮食过程中，应该注意锌类的补充。

在参加运动的过程中，儿童青少年的出汗量明显增多，会导致无机盐的大量丢失，因此要根据具体情况合理地补充无机盐，以免影响运动锻炼和身体健康。一般来说，我国儿童青少年运动员主要无机盐的供给量如

表 7-2、表 7-3 所示。

表 7-2　儿童青少年运动员钾、钠、钙、镁的推荐供给量(克/日)

年龄(岁)	钙	钾	钠	镁
7—11	0.8～1	2～5	1～3	0.3～0.4
12—17	1～1.2	3～6	2～4	0.4～0.5

(资料来源:张友菊,2015)

表 7-3　儿童青少年运动员锌、铜、铁的推荐供给量(毫克/日)

年龄(岁)	锌	铜	铁
6—17	15～20	2.5～3.0	20
10—17	20～25	3.0～3.5	20
13—17	20～25	3.0～3.5	20～25(男);25～30(女)

(资料来源:张友菊,2015)

(六)维生素的营养需求

根据大量的研究不难发现,如果缺乏维生素,会导致身体代谢的困难,如果膳食中长期缺乏维生素,可能会形成缺乏症。

维生素 B 族是为人体供应能量、提供蛋白质的重要元素。由于儿童成长是十分迅速的,其对于能量、蛋白质的需求都非常大。因此,儿童也应该充分摄入维生素 B 族,从而促进身体的发育与食物消化,降低贫血的发生率。

由于青少年本身活泼好动,有着旺盛的身体代谢,因此也需要补充一些维生素 C 丰富的食物,如水果、绿叶菜等。

维生素 D 有助于促进人体骨骼与牙齿的生长,是人体钙化的重要元素,如果青少年缺乏维生素 D,往往会出现佝偻病。一般情况下,天然食物中所富含的维生素 D 都比较低,需要从动物肝脏、鱼肝油等食物中获取。同时,青少年需要多参加体育锻炼,多晒晒太阳。

总体来看,儿童青少年对维生素的需要量与运动量、功能状态、营养水平等因素有着密切的关系,因此要及时补充维生素,以满足机体运动的需要。

(七)水的营养需求

一般来说,儿童青少年体内水分占体重的比例比成人更高,儿童青少年应该多摄入水,以保持水的能量平衡。儿童青少年在参加运动的过程中,水的供给量要以补足失水量、维持水平衡为原则。

第四节　青少年运动安全管理

在运动中,往往会存在着一些包括挫伤、扭伤等在内的不安全因素,严重的可能导致低血糖、贫血等情况。因此,在青少年体质健康管理中,运动安全管理有着非常重要的作用和意义,具体体现为如下两点。

一、常见运动损伤的救护

(一)挫伤

挫伤往往是受到外力而导致受伤的,一般是在运动过程中,机体的某些部分受到钝性外力的作用,挫伤之后,往往会有疼痛感、肿胀或者出血的情况。

挫伤救护方法具体如下。

(1)如果是轻微的挫伤,应该立即对受伤部位进行冷敷,并抬高受伤的部分。

(2)如果是肢体肌肉严重挫伤,往往会伴有肌纤维断裂和组织内出血,应包扎伤肢后,及时送医就诊。

(3)如果是头部、躯干严重挫伤,就常常伴有休克,应先对伤者的呼吸、脉搏等进行仔细的观察,之后进行休克处理,及时保温、止痛、止血,最后及时送医就诊。

(二)擦伤

擦伤即机体表面由于摩擦、碰撞等导致皮肤外侧损伤。擦伤之后,可以看到表皮剥落,甚至伴有出血等情况。

一般来说,擦伤的救护方法具体如下。

(1)轻微擦伤,可以用生理盐水进行清洗,之后涂抹紫药水或红药水。

(2)较大范围擦伤,为了避免发生感染,可以先用生理盐水进行清洗,将伤口异物清除,之后用酒精或者碘酒消毒,最后敷上云南白药并包扎。

(3)关节周围擦伤,先进行清洗、消毒,之后敷上青霉素软膏或磺胺软膏。

(三)拉伤

拉伤即肌肉受外力的影响,导致过度拉长或收缩。肌肉拉伤之后,往往会有肿胀与疼痛之感,甚至会出现肌肉痉挛等情况。

一般来说,拉伤的救护方法具体如下。

(1)轻微拉伤,对受伤的地方进行冷敷,之后进行局部的包扎,4小时之后给予理疗或者按摩。

(2)严重拉伤,应该及时就医。

(四)扭伤

扭伤即关节发生异常扭转而引起的关节组织结构或关节附近其他组织的损伤,损伤后,有疼痛感、肿胀、关节活动受限。

一般来说,扭伤的救护方法具体如下。

(1)指关节扭伤,对其进行冷敷,之后轻轻拔伸,轻轻捏数次,再与相邻的手指进行固定。

(2)肩关节扭伤,对其进行冷敷包扎,24小时之后对手上的地方进行按摩或者针灸治疗,如果伴随有韧带撕裂,就应该及时就医。

(3)腰部扭伤,应该立即停止运动,并及时就医。

(4)膝关节扭伤后,对受伤程度进行检查,用氯乙烷镇痛喷雾剂进行冷敷,并及时就医。

(5)踝关节扭伤,对疼痛之处进行按压,轻度的可以用强力绷带包扎,严重的要及时就医。

(五)骨折

身体受到外力的冲击导致骨头断裂,一般采用如下救护方式。

(1)骨折之后,不要对受伤的部位进行随意的移动,尽量用夹板进行固定。

(2)骨折之后往往会有休克情况,应该及时对其进行人工呼吸。

(3)骨折之后如果伤口出血不止,应及时进行止血,并送医处理。

二、常见疾病的救护

(一)岔气

经过剧烈的运动,很多时候容易发生岔气,即与腹痛位置不同的突然性胸壁或上腹近肋骨处的疼痛,这时候胸腔部分很容易有疼痛感或者说话都有疼痛感。

一般来说,运动性岔气的救护方法具体如下。

(1)深度吸气,憋着气不放出,然后握拳从上到下对胸腔两侧进行敲击。

(2)用手对疼痛处进行按压,然后进行深度呼吸。

(3)深度呼吸,用食指和拇指用力捻捏内关和外关穴,左右扭转身体。

(二)贫血

在运动中,如果方法不当,可能会导致血压中的红细胞和白细胞与正常值不符,这时候很容易眩晕、疲劳等。

一般情况下,运动性贫血的救护方法具体如下。

(1)在运动过程中,多吃一些富含铁和蛋白质的食物,或者是抗贫血的药物。

(2)在运动过程中,容易出现贫血情况的人应该减少运动量,如果比较严重的可以立即停止。

(三)运动性腹痛

在运动过程中如果出现腹部疼痛,通常是由于活动不充分导致的,有些是胃部痉挛,有些是呼吸紊乱。

一般情况下,运动性腹痛的救护方法具体如下。

(1)降低运动的速度,要加深呼吸,用手对胃部疼痛的地方进行按压,或者弯腰跑一段时间,直到疼痛消失。

(2)停止运动,对局部进行按摩,或者口服十滴水或普鲁苯辛(每次 1 片)。

(3)经判断是由病理原因引起的腹痛,应及时送医处理。

(四)运动性低血糖

运动训练会导致人体血糖下降,低于 50 毫克/分升这一正常值。血糖下降轻的人往往会有疲惫之感,面色苍白,心情也容易焦躁、发怒,血糖下降严重的人往往会出现视力模糊甚至昏迷的情况;更为严重的可能会诱发心肌梗塞。

运动性低血糖的救护方法具体如下。

(1)神志清醒者,可以适量饮用一些糖水或者吃一些食物,不能口服的人可以注射一些葡萄糖。

(2)昏迷不醒者,可刺激人中、涌泉、合谷等穴,并迅速送医处理。

第五节 青少年体育运动卫生指导

体育锻炼是人们专门为促进健康而从事的一项身体运动,除了要在锻炼的过程中遵循科学的原则,还要了解一些基本的卫生常识。所谓体育运动卫生,是指根据体育锻炼过程中各项外界环境因素对人体健康的影响规律以及运动体育科学与卫生学的方法与理论,指导人们进行有效的体育锻炼,取得锻炼的最佳效果,避免盲目锻炼产生的肌体损伤,从而实现增强体质、增进健康的目的。

一、体育运动卫生指导原则

(一)循序渐进原则

所谓循序渐进原则,是指在体育运动中选择内容要遵循从简单到复杂、从容易到困难的原则,运动量也是从小到大,这样有助于青少年的机体适应,也与他们的学习认知相符。如果所定目标过大,急于求成,不仅不利于对运动技能进行掌握,反而会让身体负荷加重,给身体造成负担,这样对青少年的身体健康是非常不利的。

随着青少年体能的增强以及锻炼水平的提升,机体对原有的生理负荷的反应会越来越小,这时候就需要刺激的融入,以便于对更大的生理负荷加以适应,从而不断使自身的生理机能得到提升。

(二)系统性原则

所谓系统性原则,是指基于循序渐进原则,坚持锻炼,注重规律,将锻炼的时间进行合理分配,对练习进行合理安排。对于锻炼之后休息的时间,也应该根据个人的情况来定,同时两次锻炼之间的间歇时间应该从个人肌体的恢复情况来考量。

(三)全面性原则

每一项运动项目对身体的影响都有侧重点,如体操的训练主要侧重于人体的自控能力,耐力的训练主要侧重于人体的心肺功能。如果仅仅是为了提升自身的体能,就应该对多项内容加以训练,如力量、速度、柔韧性等,从而实现人的全面发展。这是因为只有通过全面的训练,才能保证人更全面地发展。

(四)区别对待原则

所谓区别对待原则,即对个性的强调,要基于个体的锻炼特点出发,要因人而异,同时要将内容、目标、负荷、方法等因素考虑进去。因此,只有基于每一个人的状况特点,才能使青少年获得更好的锻炼。

(五)持之以恒原则

只有持之以恒地参与体育锻炼,青少年才能产生良性的积累,从而实现自身的身体健康。如果锻炼的强度、时间等达不到一定水准,那么必然会对锻炼的效果产生影响,如果中断锻炼,那么自身原本的积累也会逐渐下降。

二、体育运动卫生指导方法

(一)合适的锻炼时机

什么时候锻炼才合适?要对这一问题进行解答其实并不困难,因为健身锻炼作为一项消除身心疲劳的有益运动,总是会被安排在课下或生活的闲暇时间来进行,但如何合理地安排它们,以达到有效调节学习与生活的目的,却需要根据不同人的特点与生活习惯来确定。

(1)早晨空气比较清新,运用这段时间进行训练,有助于舒展筋骨、疏通血脉,从而有利于上午的学习。当然,早锻炼并不是越早越好,不少人的早锻炼选择在天亮之前或者天蒙蒙亮的时间,并认为这段时间空气比较清新,但其实并不是这样。由于夜间近地面层空气的冷却作用,易形成稳定的逆温层,使空气中的污染物不易扩散,而且这时污染物的浓度最大。因此,青少年要想早锻炼,最好选择日出之后,因为那时逆温层被破坏,污染物向外扩散,正是早锻炼的好时机。

(2)下午 15~17 时,此时进行负荷较大的健身锻炼,可帮助消除疲劳,提高体力贮备。

(3)晚上 21~22 时,此时体温尚未下降,空气污染程度又低,进行轻微的健身锻炼,则可提高睡眠效果。

当然,由于个人生活习惯的差异,在选择健身锻炼时间时,还应该将个人特点考虑进去。另外,随着学习阶段、季节等的改变,从事健身锻炼的时机也应该不断调整。这时,人体生物钟的规律仍旧可以按照新的方式建立,但是每次调整都应该相应地保持一个较长的时间段。

（二）优良的锻炼环境

环境是人们生活的空间，它是由山林、原野、江河、植被以及阳光和空气等自然因素组成的。环境因素对人体的影响是尽人皆知的。例如，大家都会觉得早晨的空气是十分清新的，如果置身于郊区农村、湖泊海滨及树木覆盖浓密的地方，就能获得一种心旷神怡、精力充沛的感觉。这是因为夜间灰尘和杂物污染减少，植物的呼吸作用净化空气，负离子散佚至空气的数量相对较多。有人做过这样的实验，当人体吸入负离子30分钟，吸氧量增加20%，这将有利于肺功能的改善。另据医疗实践证明，负离子进入人体后，通过机械和电荷作用，还能使人体的各系统、器官产生良好的生理反应。由此可见，按以下标准去选择环境是比较科学的。

（1）在清晨起床后，若能到空旷的校园、茂密的树林或湖泊海滨附近等被植物净化的大气环境中，呼吸一下那里的新鲜空气，从事一些适量的健身锻炼，无疑对增进健康、振奋精神有莫大的好处。

（2）在选择锻炼环境时还应注意避免噪声干扰，因为噪声除了会损伤人的听觉，对神经系统也多有不利，甚至有可能引起中枢神经功能异常、内分泌失调、新陈代谢紊乱，并使人精神烦躁、思想分散或血压升高。

第八章 青少年体育运动锻炼
项目的选择与指导

  青少年进行体育运动锻炼能够增强体质,促进身心发展以及综合素质的发展。但是,青少年体育运动锻炼项目的选择与指导应该遵循科学的原则,从而更好地为青少年的发展服务。本章就具体对青少年有氧运动项目、无氧运动项目和混合运动项目的锻炼与指导进行分析。

第一节 有氧运动项目锻炼与指导

一、有氧运动项目的作用

  有氧运动项目对于青少年身体健康发展有着积极的促进作用,具体表现在以下几个方面。

  (1)有氧运动对人体机能的提升有很大帮助,可以帮助人体改善心血管、呼吸系统的功能,提高人体的摄氧能力。具体体现在以下几个方面。

  第一,有效降低心率。

  第二,充分增强心肌力量。

  第三,可以增加血管的口径以及数量,加大血液流动的数量,将氧气顺利输送到身体的各个细胞中。

  第四,可以充分增强身体功能,尤其是心肺、血管方面的功能,满足身体的氧气需求,提高身体的免疫力。

  (2)有氧运动可以充分燃烧身体中的脂肪,提高脂肪代谢,保持体形,同时还可以预防动脉粥样硬化。

  (3)有氧运动可以增加体力,增强肌肉耐力。

  (4)有氧运动可以有效预防糖尿病,经常锻炼的人发生糖尿病的风险比不锻炼的人低 20%。

（5）有氧运动可以预防高血压。通过有氧运动的锻炼，身体的肌肉、血管功能得到大大改善，原本软弱无力的肌肉、血管变得充满张力，人的消极情绪得以减少，精神层面的紧张大大缓解，进而延缓血管硬化，避免出现低血压等疾病。

（6）提高骨密度，保持或增加瘦体重（LBM）。

（7）增加胰岛素的敏感性，改善内分泌系统的调节机能。

二、青少年有氧运动项目锻炼与指导

（一）篮球

1. 传球

在日常篮球运动中，双手胸前传球是最常用的传球方法。传球时，双手手指自然分开，拇指相对成"八"字形，用掌根以上部位持球，两肘自然放于体侧，后脚蹬地，身体重心前移，前臂迅速向传球方向伸出，手指用力拨球，将球传出（图 8-1）。

图 8-1　传球技术

2. 接球

在接球时，两眼要随时注视来球，两臂伸出去迎球，手指自然分开，两拇指成"八"字形，两手成一个半圆形。当手指触球后，两臂随球后引缓冲来球的力量，两手握球于胸腹之间。根据来球的高度，可以将来球分为接中位来球（图 8-2）和接高位来球（图 8-3）

图 8-2　接中位来球

图 8-3　接高位来球

3. 运球

（1）高运球。高运球是指球员在控球时，身体略微向前倾，双目平视，以肘关节为轴，前臂自然屈伸，用手腕、手指有力地拍球的后上方，把球的落点控制在运球手臂的同侧脚的外侧前方，球的反弹高度在胸腹之间，高运球的落点要离脚稍微远些（图 8-4）。

图 8-4　高运球

　　(2)低运球。低运球是指球员在运球时,身体重心要下降,两腿弯曲,上体前倾幅度较大,球的落点在体侧,用手腕和手指快速地拍球的后上方,使球控制在膝关节的高度,两腿用力后蹬,快速前进(图8-5)。

图 8-5　低运球

　　(3)体前变向运球。体前变向运球是篮球运动中经常使用的技术。以右手运球为例,如果从左侧突破时,先做出向右侧突破的假动作,突然用右手拍球的后上方,使球向左侧反弹,换成左手运球,同时上身向左扭转,身体重心降低,并将球压低,右脚快速蹬地,左脚跟上前迈,快速超越防守球员(图8-6)。

图 8-6　体前变向运球

　　(4)胯下运球。胯下运球是一种很实用的运球技术。以右手运球为例,运球球员左脚在前,右手拍球的右侧上方,将球从两腿之间运至身体左侧,然后上右脚,换左手运球,加速前进(图8-7)。

图 8-7　胯下运球

4. 投篮

(1)持球方法。正确持球是学好投篮技术的关键。持球时,投篮手五指分开,手心空出,用指根以上部位触球,肘关节自然下垂,另一只手扶住球的侧上部,将球举在肩的前上方(图 8-8)。

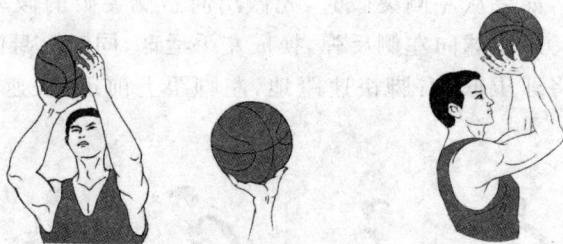

图 8-8　持球正面观与持球侧面观

(2)原地单手肩上投篮。以右手投篮为例,右手五指自然张开,指根以上部位持球于肩上,手腕后屈,左手扶球左侧,两膝微屈,上身放松并稍后倾。投篮时,两脚用力蹬地,身体向前上方伸展,同时向前上方抬肘伸前臂,手腕前屈,手指拨球,通过食指、中指柔和将球投出。球出手后,手臂要随球自然伸直(图 8-9)。

(3)跳起投篮。健身跳起投篮是篮球运动中最常用的投篮技术,简称"跳投"。以右手投篮为例,双手持球于胸腹之间,两脚左右(或前后)开立,两膝微屈,身体重心落在两脚之间。起跳时两膝弯曲(两脚前后开立时也可上一步再做此动作),前脚掌蹬地发力,向上迅速摆臂举球并起跳,双手举球于肩上,左手扶在球左侧。当身体达到或接近最高点时,左手离球,右臂向前上方伸展,同时突然发力屈腕,将球通过指端投出(图 8-10)。

图 8-9　原地单手肩上投篮

图 8-10　跳起投篮

(二)羽毛球

1. 发球

以正手发网前球为例。右手持拍,手放松,前臂向前摆,手指发力控制球拍,击球时,手腕发力,用斜拍面向对方前发球区内击球(图 8-11)。

1　　　　2　　　　3　　　　4　　　　5

图 8-11　发球技术

2. 接发球

以前场正手接发球为例。

(1)接发球勾对角小球。手腕内旋,拇指、食指发力转动拍柄击球,使球落在对方网前斜对角。

(2)接发球挑球。击球点低一些,用与地面呈钝角的拍面仰角,前臂内旋,拇指、食指发力将拍柄握紧,手腕伸展奋力击球。

3. 网前击球

以网前正手推球为例。根据判断及时向目标方位移动,右手平举球拍。准备推球时,前臂外旋,拍面与来球相对。正式推球时,将拍面后移,闪腕,握紧拍柄快速击球(图 8-12)。

图 8-12　网前击球技术

4. 中场击球

以中场正手平抽球为例。根据判断及时向目标方位移动,与球网侧对,上体向右侧稍倾,右脚支撑体重,击球时,手腕在前臂的带动下抽压,抖动球拍(图 8-13)。

图 8-13　中场击球技术

5. 后场击球

以后场正手吊球为例。拍面稍内斜,手腕切削下压,将球托后部和侧后部作为击球点。如果是吊斜线球,以球托右侧作为切削点,如果是吊直线球,拍面与前方正对,以向下切削为主(图 8-14)。

图 8-14　后场击球技术

(三)健身操

1. 基本手型

一般来说,健身操的手型源自舞蹈动作,大多数动作都是从舞蹈动作中发展演变而来的,健身操手型动作有以下几种(图 8-15)。

(1)合掌。五根手指并拢伸直。

(2)分掌。五根手指用力分开,手腕保持紧张。

(3)拳。手指弯曲紧握,拇指压在食指弯曲部位上。

(4)推掌。手掌用力上翘,手指自然弯曲。

(5)西班牙舞手势。五指用力,小指、无名指、中指自掌指关节处分别按顺序弯曲,拇指稍向内扣。

(6)芭蕾手势。手指微屈,中指、无名指、小指并拢,稍内收,拇指内扣。

(7)一指式。握拳,食指或拇指伸直。

(8)响指。拇指与中指用力摩擦与食指打响,无名指和小指并拢弯曲。

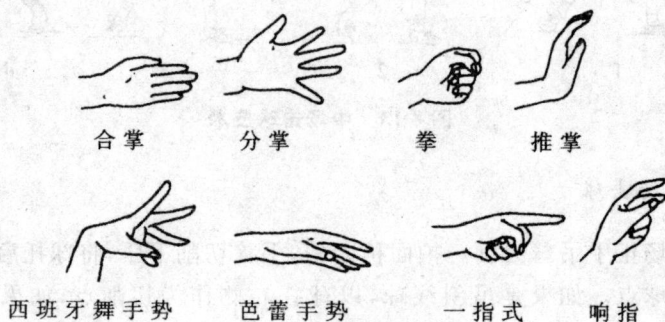

合掌　　　分掌　　　拳　　　推掌

西班牙舞手势　　芭蕾手势　　一指式　　响指

图 8-15　一般健身操手型

2. 头、颈部动作

(1)屈。身体站直,头部向前、后、左、右分别进行前屈、后屈、左侧屈、右侧屈的颈部关节弯曲运动(图 8-16)。运动过程中,动作应缓慢,颈部肌肉保证得到充分的伸展。

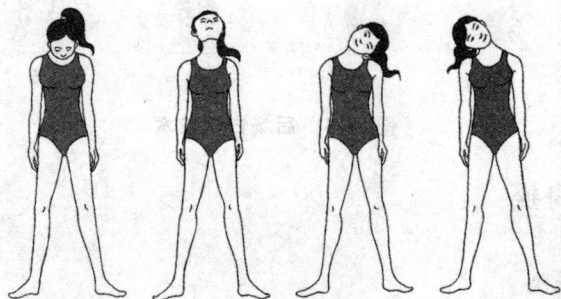

图 8-16　屈(头部)

(2)转。头部保持正直,下颌平稳地向左、右转动,颈部沿身体垂直轴向左、右转动 90°(图 8-17)。

(3)环绕。头保持正直,颈部沿身体垂直轴向左(逆时针)或右(顺时针)转动大约 360°(图 8-18)。运动过程中,速度要放缓,向后转时头要后仰。

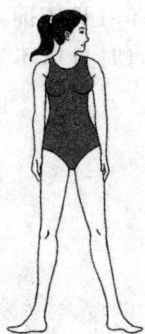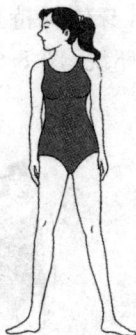

图 8-17 转

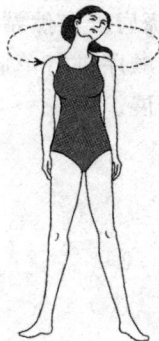

图 8-18 环绕

3.肩部动作

(1)提肩。自然站立,两脚开立,身体保持正直,将肩部沿身体垂直轴向上提起(图 8-19)。提肩时身体不要摆动,可单提肩,也可双提肩。

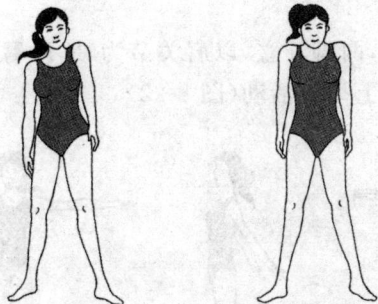

图 8-19 提肩

(2)沉肩。自然站立,两脚开立,身体保持正直,将双肩沿身体垂直轴向下沉落(图 8-20)。沉肩时身体不要摆动,头尽量往上伸展。

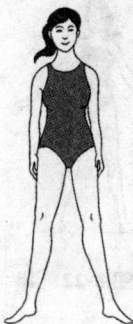

图 8-20 沉肩

（3）绕肩。自然站立，两脚开立，身体保持正直，肩部沿身体前、后、上、下的方向顺序进行单肩环绕或双肩环绕（图 8-21）。绕肩时身体不要摆动，动作要舒展。

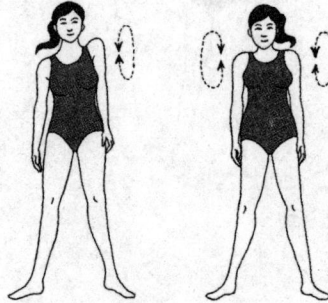

图 8-21　绕肩

4. 上肢动作

（1）举。自然站立，两脚开立，以肩关节为轴，两臂依次进行前举、后举、侧举、侧上举、侧下举、上举等活动（图 8-22）。

图 8-22　举

（2）屈。自然站立，两脚开立，肘关节进行前平屈、肩侧屈、肩侧上屈、肩侧下屈、胸前上屈、头后屈动作，来回屈伸，反复进行，手臂关节要有弹性（图 8-23）。

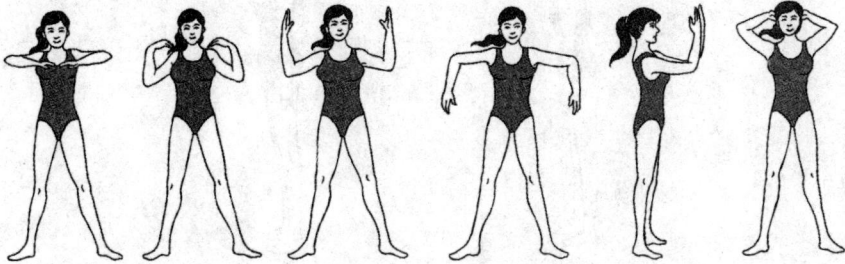

图 8-23　屈（上肢）

（3）绕环。两脚开立，双臂或单臂以肩为轴进行弧线运动向内、外、前、后方向绕环（图 8-24）。动作要清晰，开始和结束的位置要明确。

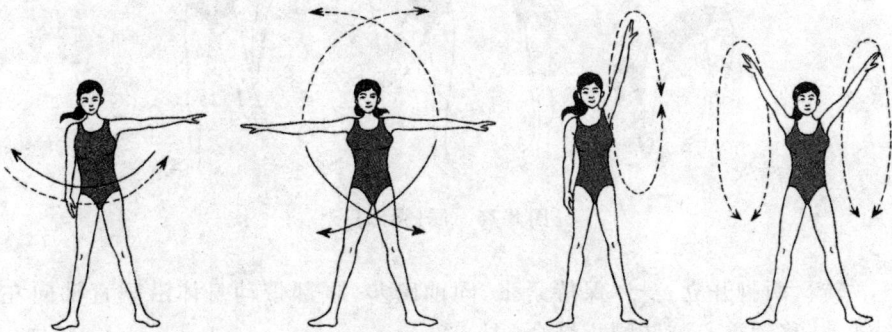

图 8-24　绕环（上肢）

5. 躯干动作

（1）胸部动作。具体包含以下几种。

移胸。髋部位置固定，腰腹随胸部左右移动。移胸时，腰腹带动胸部移动，动作要尽量大。

含胸、挺胸。含胸时，低头，收腹，收肩，形成背弓，呼气；挺胸时，抬头挺胸，展肩，吸气（图 8-25）。含胸时身体放松但不松懈，挺胸时身体紧张但不僵硬。

（2）腰部动作。具体包含以下几种。

屈。两脚开立，腰部向前、侧方伸，进行前屈、后屈、侧屈。动作速度不宜过快(图 8-26)。

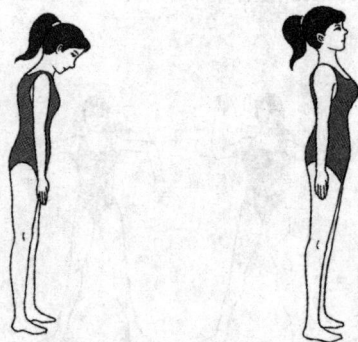

图 8-25　含胸与挺胸

图 8-26　屈(腰部)

转。两脚开立,身体保持紧张,向前跨步,腰部带动身体沿垂直轴向左右转动,移动重心与转腰相结合(图 8-27)。

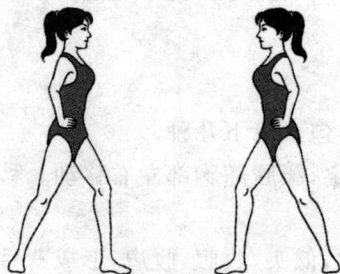

图 8-27　转(腰部)

绕环。两脚开立,配合手臂动作,腰部进行弧线或圆周运动,即绕环(图 8-28)。要求路线清晰,动作圆滑。

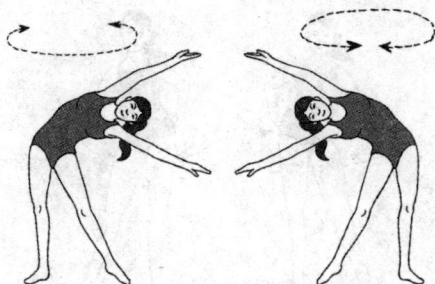

图 8-28 绕环(腰部)

(3)髋部动作。具体包含以下几种。

顶髋。两腿开立,一腿伸直,另一腿屈膝内扣,上体保持正直,双手扶腰,向左、右、前、后用力顶髋(图 8-29)。动作要有节奏感。

图 8-29 顶髋

提髋。双脚开立,两臂自然弯曲,半握拳,向左上、右上提髋(图 8-30)。注意髋与腿部的协调性。

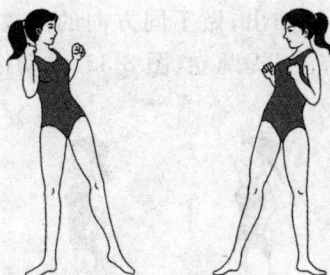

图 8-30 提髋

绕环。两脚开立,双手叉腰,髋分别向左、右方向做绕环动作(图 8-31)。运动轨迹要圆滑。

图 8-31　绕环(髋部)

6.下肢动作

(1)立。具体包含以下几种。

直立、开立。抬头挺胸,直立站好,将双腿打开,与肩同宽,做开立动作(图 8-32)。

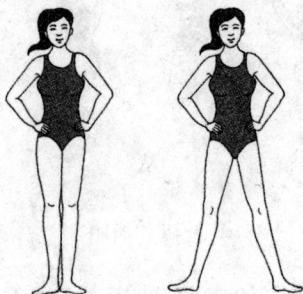

图 8-32　立

点立。自然站立,一腿伸出,做不同方向的点立或提踵立,动作形式具体有侧点立、前点立、后点立、提踵立(图 8-33)。动作要舒展。

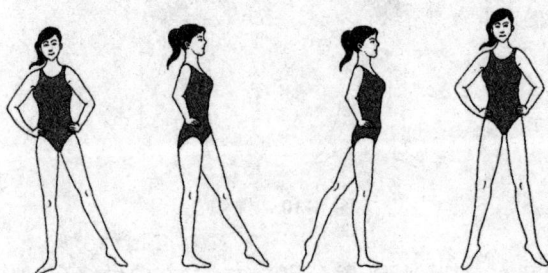

图 8-33　点立

（2）弓步。自然站立，大步伸出一腿，做前弓步、侧弓步和后弓步，步幅要合适（图8-34）。

图 8-34　弓步

（3）踢。自然站立，双腿交替做前踢、侧踢、后踢等踢腿动作（图8-35）。动作要干净利落。

图 8-35　踢

（4）弹。自然站立，双腿交替做正弹腿和侧弹腿的弹动动作，动作要有弹性（图8-36）。

图 8-36　弹

(5)跳。自然站立,用不同姿势进行并腿跳、开并腿跳、踢腿跳等腿部练习(图 8-37)。跳跃动作要把握好力度和弹性。

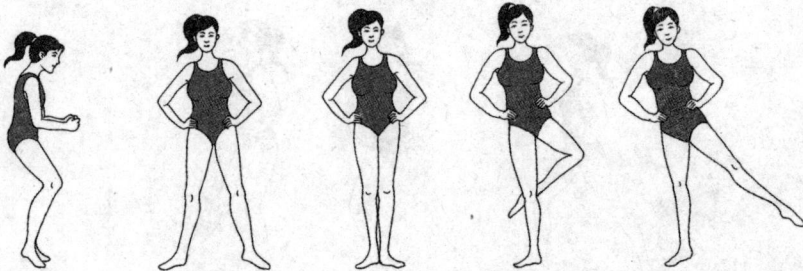

图 8-37　跳

第二节　无氧运动项目锻炼与指导

一、无氧运动项目的作用

无氧运动的作用主要体现在以下几个方面。

(1)无氧运动可以锻炼肌肉,改变人的形体,充分美化人体形态。

(2)无氧运动可以有效延缓人体机能的衰老进程。有研究表明,经常进行体能锻炼的人比不经常进行体能锻炼的人在实际年龄上要年轻 5 到 7 岁。另外,如果不经常参加体育锻炼,那么个体在 20—25 岁时就会达到身体的最大肌肉力量,随着年龄的增长,每 10 年个人机体将会损失 10% 的肌肉力量。

(3)无氧运动可以改善脂肪代谢频率,消耗身体中多余的热量,燃烧脂肪,防止肥胖。

(4)无氧运动可以避免身体器官的疼痛与损伤。个人的肌肉出现疼痛或者酸疼,大部分是由于肌肉力量退化引起的,并且人的身体形态也会因为肌肉力量的不足而发生变形。通过无氧运动,人身体的重要部位、器官、肌肉等都可以增加力量,从而延续身体肌肉的工作时间。

二、青少年无氧运动项目锻炼与指导

(一)短跑

短跑冲刺力强,是十分有效的无氧运动项目。下面对起跑、途中跑和终点跑进行说明。

1. 起跑

青少年在参加短跑运动时,起跑的姿势一般采用"蹲踞式"。这种方式的具体口令包括三种,即"各就位""预备""起动"。

第一个口令"各就位",听到这一口令后,青少年需要站在起跑器前面,弯腰用两手撑地,两只脚蹬在起跑器的前后抵趾板上,后腿膝盖跪在地面,身体躯干稍微弓身,不要蜷缩在一起。

第二个口令"预备",听到这一口令后,青少年需要将自己的重心前移,抬起臀部,用脚压缩起跑器抵趾板。高度集中自己的注意力,等候枪响。

第三个口令"起动",听到枪响之后,青少年应该将自己的两只手以最快的速度离开地面,两条胳膊前后有力摆动,两腿快速蹬离起跑器,以争分夺秒地速度跑出去。

2. 途中跑

途中跑对于短跑运动项目而言是十分重要的,其中对青少年的要求也比较高,要做到放松跑步、步频要快,腿部动作幅度最大,脚掌在落地时应该积极并且具有弹性。在途中跑时,青少年的腿部动作、身体重心、摆臂、上身姿势等对途中跑都会带来或大或小的影响,因而青少年需要对这些因素给予高度重视,尽量掌握正确的要领与姿势,从而帮助自己在途中跑的过程中占据上风。

通常而言,在途中跑的过程中,青少年的身体应该以两臂为轴,身体稍微前倾,两条手臂进行快而有力的摆动。前摆时肘关节角度可达 $60°\sim70°$,后摆时肘关节角度可达 $130°\sim140°$。大腿带动小腿自然有力地大幅度快速摆动,前脚掌扒式着地,两腿蹬摆与两臂摆动协调配合。跑动中面对前方,目视终点,颈部放松,躯干保持正直或稍前倾。

3. 终点跑

终点跑是短跑的最后阶段,青少年在此时应该实现自己速度的最大化。对于具体的跑步方法而言,这一阶段的跑步方法与途中跑的方法是相同的,不过终点冲线时往往要求加快速度跑向终点,在最后一步时应该加大躯干前倾的角度,确保自己的胸部以最快速度冲过终点线。

(二)格斗

1.最大力量训练

所谓最大力量,指的是人体的肌肉在收缩过程中所体现出的最大力值。在格斗项目的比赛中,通常并不需要参赛者表现出自己的最大力量值,也因为最大力量的训练往往容易导致肌肉粗大,不利于体重的控制,因而在格斗项目中对青少年的最大力量训练所占的比例相对较少,一般控制在30%或20%以内。不过,摔揉类格斗中的最大力量训练的比例要大于踢打类格斗项目。需要注意的一点是,青少年在格斗训练中必须接受专业的训练指导。

发展最大力量的常用手段有如下三种。

(1)负重训练,如负重卧推、提拉、深蹲、抓举、挺举等。

(2)击靶训练,如击打胸靶、击打墙靶、击打同伴主动迎击靶等。

(3)对抗训练,如双人顶、推、拉、对抗抱摔等。

2.快速力量训练

快速力量具有双重特征,即力量与速度并重。快速力量指的是肌肉在最短时间内尽可能发出的最大力量。这种力量在格斗训练中具有十分重要的地位,对于踢打类格斗而言尤其重要。对于参加格斗类项目的青少年而言,只有自己的快速力量良好,在训练中才能捕捉到战机,并以最快的速度给予对手沉重的打击。对于摔揉类格斗而言,快速力量的作用也是至关重要的,运动者需要利用快速力量来获得把位,并使用爆发力将对手摔倒。可见,格斗项目中的快速力量训练在整个训练过程中的比重都是比较大的,一般占比为40%或50%。

发展快速力量的常用手段有以下几种。

(1)负重训练,如连续快速负重深蹲跳或交换步跳、连续快速高翻杠铃、摔布人或沙包、卧推杠铃、抓举杠铃、绑沙袋拳法或腿法训练、靠摔木桩或假人等。

(2)克服弹性物训练,如拉橡皮带或拉力器冲拳踢腿等。

(3)克服自身体重训练,如连续快速单腿台阶跳、台阶冲刺跑、引体向上、平地跳、蛙跳、连续快速俯卧撑双拍掌等。

(4)击打训练,如绑沙袋快速击打手靶、脚靶和沙包等,或去除沙袋后击打手靶、脚靶和沙包以及快速摔布人等。

(5)对抗训练,如双人抢位快摔等。

第三节　有氧、无氧混合运动项目锻炼与指导

一、攀岩

(一)手部动作

攀岩这一运动的基本动作通常包括拉、握、抓、推、抠等。在运动过程中,运动者可以根据具体情况采用合适的方式动作,不同的支点抓握的方式也是不同的。下面对攀岩运动中"握"这一动作展开具体阐述。

第一,抓握,是指运动者用自己的手抓住岩石上的凸起部分,从而确保自己身体的稳定性。

第二,拉,是指运动者用手抓住面前上方的牢固支点,将自己的小臂贴到岩壁上,用手抠住岩石的缝隙,通过手臂的力量来拉动身体向上移动。

第三,张,是指运动者将自己的手伸入缝隙中,以缝隙为支点,通过自己的手掌发力,进而移动自己的身体。

第四,推,是指运动者利用手臂对岩体或物体的推撑移动身体。

第五,抠,是指运动者用手抠住岩石的棱角、缝隙和边缘。

第六,反扣,是指充分依靠手与手或手与脚之间的反作用力支撑身体。

第七,换手,是指运动者将身体置于一种平衡状态,换手动作结束后,身体也要保持同一平衡状态。不过,换手之前运动者要控制好身体的重心。

(二)脚部动作

攀岩运动中,运动者应充分利用脚部强大的负重能力、耐力和爆发力。攀岩鞋在不到1厘米宽的支点上都可以稳固地支撑全身重量。攀岩运动的基本脚法有蹬、钩、挂、塞、挤等。在自然岩壁支点大小不一和方向不同的情况下,要灵活运用。

(1)踩、踏。运动者可以利用脚的前面大部分踩住支点,减轻双手的用力负担,然后缓慢移动身体。正踩的时候,要通过鞋尖内侧的拇趾用力,原理是增加攀岩鞋与支点之间的压力,进而加大摩擦力,运动者可以抬高脚跟,将自己的重心转移到脚尖,确保自己身体的平衡。侧踩时,通过攀岩鞋的前脚掌外侧边四趾部位进行踩点。运动者在进行侧踩的过程中,应该尽量抬高自己的脚跟,通过增加脚部对支点的压力来加大摩擦力,进而支撑自

己的身体。利用鞋前方部位进行点踩的时候,运动者可以利用鞋的正前方部位进行踩点。如果运动者面前的支点或指洞比较小,不能进行正踩或者侧踩,那么此时就可以将自己的前脚尖塞进洞里来支撑自己的身体。

(2)蹬。用前脚掌内侧或脚趾的蹬力支撑身体。

(3)跨。利用自身的柔韧性,避开难点,以寻求有利的支撑点。

(4)挂。用脚尖或脚跟挂住岩石,支撑和移动身体。以挂腿为例,当运动者的一只手抓握一个比较大的支点时,将这只手的对侧腿抬起,挂在手腕上,并依靠手腕和手臂的力量移动身体,另一只脚做辅助的发力,控制身体平衡。

(5)钩。这一动作指的是运动者可以利用脚后跟的部位来钩住支点。这一动作通常出现在屋檐的翻出部位上,运动者利用自己的脚后跟挂住支点。在这一过程中,伸腿、屈胸,同时让自己的脚能够钩住支点,利用腿部的力量将自己的身体勾向钩点方向,进而实现身体上的移动。

(6)换脚。在换脚的时候,运动者的脚点一般要低于手点,这样做的目的是减轻上半身的紧张。在换脚的过程中,运动者将脚集中放在某一个点上,然后缓慢移动自己的身体重心,将重心放在另外一个脚上,移动的过程中应该以脚踝为中心,尽量减少上半身的移动,如此可以实现身体重心从一个支点过渡到另外一个支点的目的。

(三)手脚配合

1. 侧拉

在攀岩的过程中,侧拉往往适用于经过仰角或者支点排列成直线的情况,如此做的目的主要是节省上肢力量。第一次进行侧拉时,需要将自己的身体侧向岩壁,身体同侧的一只手触摸岩壁,将自己的后单腿支撑身体的重量,另外一侧的手用力抓握上方的支点,另外一条腿伸直来调节身体的平衡度。第二次侧拉时,两只手抓稳,以自己的支撑脚为轴心来旋转身体,将自己的脸转向对侧,平衡腿在支撑腿前交叉经过,以脚尖外侧踩下一支点,平衡腿变成支撑腿,自由手变成支撑手,实现重心的转移。

2. 手脚同点

攀岩过程中,当一些手点高度在腰部附近时,同侧脚也踩到此点,身体向上向前压,把重心移到脚上,发力蹬起,一手支撑,另一手伸手抓握下一支点。

(四)中途休息

徒手攀登过程中,中途休息的方法主要有以下三种。

(1)站立直臂休息。上身外倾,远离岩壁,腿部和臀部尽量贴紧岩壁,两脚分开踩两支点,手臂放直以达到休息的目的。

(2)蹲点休息。运动者将自己的重心放在支点上,利用一只脚采用半蹲的姿势来正踩支点,腿部、臀部都要紧贴岩壁,上半身向侧面倾斜,将手臂放直,这一方法通常用于直立岩壁的攀岩。

(3)双脚对侧踩点。两腿成一定角度分开,两脚以正踩方法踩点,重心在两腿之间,放直手臂。多用于内角形岩壁的攀岩。

二、蹦极

(1)绑腰后跃式。运动者将腰部绑紧,站于跳台上,采用后跃的形式跳下去,这是弹跳初学者的一个规定的基本动作,弹跳时如同掉入无底洞中,约3秒后突然往上反弹,反弹持续4~5次,整个过程约5秒,紧张又刺激。

(2)绑腰前扑式。在蹦极前,将腰部绑紧,运动者站在台前,以身体向前扑的方式跳下去的动作就称为绑腰前扑式。这是弹跳初学者需掌握的另外一个基本动作。对于这种方式的蹦极,运动者脸部朝下,心理上所感受的无助与恐惧感也是最强烈的,不过当反弹起来的时候,也能享受到重生的喜悦心情。

(3)绑脚高空跳水式。运动者将装备绑于脚踝上,站于跳台上,面朝下,正如奥运选手跳水时的神情,运动者倒数五个数后就可以展开双臂,向下俯冲,如同雄鹰展翅翱翔一般,气概非凡。

(4)绑脚后空翻式。运动者将装备绑于脚踝上,背朝后站在跳台上,将双臂张开,做后空翻的动作跳下去,这种跳法要求运动者的腰部非常有力,并且具有巨大的勇气。

(5)绑背弹跳式。运动者将装备绑于背上,双手抱胸双脚往下悬空一踩,仿佛由高空坠落。

(6)双人跳。双人于空中蹦极时,弹跳绳将两人紧紧扣在一起,要求其中一方必须有弹跳经验。

三、滑雪

(一)越野滑雪

1. 蹬冰式滑行

一步一撑滑行时,双杖推撑,右脚蹬动并移重心至左板;左脚向前滑进,右脚蹬动后向左板靠拢。两步一撑滑行时,右板向前滑进并利用内刃有效蹬动,重心移到左侧板上并承担体重向前滑行,左右交替用力,持续向前滑行。

2. 单蹬式滑行

滑雪者的两杖同时向后推撑的时候,右腿雪板内刃向侧用力蹬动,结束之后,身体重心移动到左侧雪板并且承担身体重心向前滑动。与此同时,两杖向前摆动,左板向前滑动一段距离之后,身体重心向右边倾斜,右板着地之后,再次进行二次蹬动,两杖前摆插地,右脚再一次蹬动,反复进行。

3. 转弯滑行

身体向弯道圆心侧倾倒,内侧板沿弯道切线方向滑进,并时刻调整方向,勿远离圆心;外侧板应按弯道的法线方向向外侧蹬动,同时需要加快频率,以便与内侧板相配合,变换转动方向。

4. 登坡滑行

以两步一撑蹬冰式滑行为例,上坡时步频不需要明显加快,滑行板侧用力较大。

5. 滑降

鉴于越野滑雪板的雪鞋后跟部不固定在板上,速度快时不易控制,容易失去平衡,因此在滑降过程中应注意先控制速度。

(二)高山滑雪

1. 滑降

(1)直滑降:双板平行稍分开,两脚全脚用力;上体稍前倾,髋、膝、踝关节稍屈;两臂自然垂放,肘稍屈,目视前方。

(2)斜滑降:斜对山下站立,肩、髋稍向山下成外向姿势;上体稍向山下侧倾而膝部向山上侧倾,用双板向山上侧刃刻住雪面;上侧板比下侧板向前一些,双板平行;两肩连线、髋的连线和两膝的连线与坡面平行,目视前方。

2. 转弯

(1)犁式转弯:在犁式滑降姿势的基础上将体重逐渐向一侧板上移动,保持雪板外形不变,自然转弯。

(2)双板平行转弯:滑雪者保持一定速度,将自己的重心上提,体重向自己的转弯内侧移动，一板内刃，一板外刃蹬雪，滑入垂直落下线；继续向前，屈膝，体重移动结束之后点杖开始，外、内板的体重比例为 7：3；利用蹬踏的反作用力与向内倾倒，向斜上方提起体重；再次滑入向垂直落下线的方向，体重在转弯的内侧，轮胎(雪板)牢牢地抓住地面。

（3）跳跃转弯：借助雪包或自身力量跳起，在空中改变雪板方向或变刃后着地；着地时，注意屈膝缓冲。

四、游泳

（一）游泳运动的力量训练

1. 游泳运动项目的爆发力训练

研究表明，上肢爆发力是决定 400 米以下游泳成绩的主要因素。它与短冲速度高度相关，相关系数 r 为 0.85。

发展爆发力对提高游泳成绩的作用有限。爆发力有助于有效完成出发和转身的蹬边动作，在一定程度上有助于完成突然加速动作。为发展臂部的爆发力，可采用中等重量、极限速度的一次性训练动作，以及采用中等阻力、一次性极限速度的高速等动训练。考虑到肌肉的紧张程度和意志的承受能力，训练强度应保证每组训练次数不超过 10 次，频率可随意确定。

发展腿部爆发力可以采用冲击法，这种方法的特点是从一个高度跳下去，再跳上一个极限高度，应不等落地缓冲结束，即开始上跳。冲击法依据"拉长收缩"的非条件反射原理，快速拉长肌肉收缩的力量较不预先拉长肌肉表现的肌力大得多。如此训练可调动大量的快运动单位参与工作。

2. 游泳运动项目的速度力量训练

发展速度力量的主要训练要素是极限负荷和大负荷（相当极限能力的 70％～90％力量）下的极限动作频率。速度力量训练以无氧非乳酸供能为主，每次训练的持续时间不应超过 15～20 秒，每组训练重复次数 10～16 次，间歇 40～90 秒。一般认为，进行大量的重复训练有助于激活 ATP 糖酵解的再合成。然而，在运动实践中，训练总数在 50～70 次、每次持续 10～20 秒、间歇 30～60 秒的训练十分普及。

在陆上训练中可采用各种各样的训练方法发展速度力量，包括杠铃训练以及滑轮拉力、橡皮拉力、杠杆和等动拉力训练。在等动力量训练时，肌肉在整个动作过程中保持着最大紧张度，与游泳过程中的划水负荷形式十分接近。进行等动训练时应遵循以下原则。

(1)训练频率为每周 2～4 次。

(2)训练周期至少为 6 周或 6 周以上。

(3)每次训练做 3 组,每组最大收缩次数为 8～15 次。

(4)训练中尽可能结合技术特点,并尽可能使动作速度达到或超过专项技术动作速度。

青少年训练实践中发展速度力量的另一种方法是"轻便"导游训练法,更准确地说,是采用牵引装置的"触导"力量训练法。这种训练方法的实质在于进行牵引游的游速较比赛游速快 10%～30%,并且与最大强度不牵引游相比,这种方法将迫使青少年以更快的频率、更大的力量进行训练。进行这种训练的距离为 25～50 米,重复次数为 10 次以内,间歇为 2～4 分钟。牵引游可与极限频率的非牵引游交替进行(如没有绞车型的牵引设备,可由教练员协助训练,即教练员在池边用橡皮拉力牵引青少年进行训练)。

速度力量型训练有利于快肌纤维增粗,力量得以增加,但是效果略逊于极限力量重复训练。在肌肉收缩强度增大的条件下,提高磷酸肌酸的反应速度和 ATP 的再合成速度有助于游速的增加。

3. 游泳运动项目的力量耐力训练

发展力量耐力须在糖酵解供能以及有氧无氧供能机制下进行训练。发展力量耐力可进行间歇、重复、循环和比赛方式的训练,也可采用游距在 100～400 米的触导式力量训练。

发展青少年陆上力量耐力训练的组织形式是采用循环训练法、等动训练法。分站式循环训练法是指根据训练的具体任务,将训练手段设置为若干训练站,青少年按照既定顺序和路线,依次完成每站的训练方法。通常采用各种徒手和器械训练组成综合性训练,每个动作做 30 秒,间歇 15 秒,心率保持在 150～160 次/分钟。正确运用循环训练法可以有效地提高不同层次水平的青少年的训练情绪和积极性,合理地增大运动训练过程的训练密度,随时根据具体情况因人而异地加以调整,做到区别对待,防止局部负担过重,延缓疲劳产生,有利于全面身体训练。这种方法在训练初期或训练的准备期采用最多。

等动力量训练的特点是,肌肉在整个运动期间和在运动过程中都承受极限负荷,并保持恒速或后程加速。发展力量耐力训练的专项适应效果取决于训练重量、动作频率、训练的持续时间和间歇时间。采用极限力量 50%～60% 的重量和极限力量 60%～90% 的频率进行训练,肌群增粗和力量增大最明显。这种训练方法由于重复次数较多,每组训练持续时间较长

（1.5～3 分钟），使得力量耐力的增长效果显著。

发展青少年水上专项力量耐力，采用触导力量训练应采用专门的力量引导器械（水中牵引）。这方法可在赛前 3～5 周进行，每周可训练 1～2 次。在赛前的 5～8 天做最后一次主项比赛的模拟游。

4. 游泳运动项目的水上力量训练

在水上进行力量训练可用重复或间歇的方式，应依据力量训练的具体任务及青少年比赛距离的长短选择训练游距及训练时间。常采用的水上专项力量训练手段有以下几种。

（1）带划水掌游训练。划水时手掌可以保持最有效的姿势，做出最有效的划水动作，可改进划水技术，发展专项力量，提高划水动作的爆发力。

（2）带阻力器游训练。在青少年身上固定阻力器、阻力腰带、阻力衣（裤）等，这类训练不破坏青少年的基本动作，方法简单，可提高划水动作的爆发力，加快动作频率，发展速度素质。

（3）橡皮拉力牵引游训练。将橡皮拉力的一端固定住，另一端固定在青少年身上，青少年需要克服被橡皮拉力牵制所产生的阻力向前游进。

（4）水槽训练。让青少年在训练水槽中以极限游速，并在固定位置进行训练，以目视或声控系统监控训练。青少年凭借获得用力大小的信息及时调整游速。在固定位置游训练可形成符合最佳游速的动作节奏。

（二）游泳运动项目的速度训练

1. 游泳运动项目的反应速度训练

为有效完成出发动作和接力比赛中的接跳动作，青少年需要进行反应能力的训练。发展反应能力的方法就是分别发展对出发信号的反应速度和随后的出发速度。例如，通过教练员的口令、鸣哨或鸣枪等信号，进行起跳、入水和出水等动作的训练。

运动感觉训练法是通过提高青少年时间感知能力来提高反应能力的一种心理训练法。例如，首先青少年对反应信号快速做出应答，由教练员告知反应时间；然后青少年对信号做出应答，教练员要求青少年报出自己估计的反应时间，再与实际反应时间进行核对；最后教练员要求青少年按事先确定的时间完成动作。

应注意的是，反应速度是项保守的指标，它取决于中枢神经的个人特点，很难通过训练得到很快改进（即使有改进，提高幅度也不会超过 1/10 秒）。不过通过训练有助于提高对出发信号反应时的稳定程度，并可降低失误率。神经系统兴奋性处于最佳状态，有利于对出发信号做出快速反应，所以青少年比赛时善于控制自己的赛前状态具有重要意义。如果出发时注意力集中在如何有效地做蹬台和起跳动作上，而不是集中在听出发信号上，往往会取得更满意的结果。

2. 游泳运动项目的移动速度训练

移动速度用通过一定距离所用的时间来表示，即游速。移动速度是一种综合能力的表现，它与速度力量、无氧代谢系统、柔韧性等有密切关系。发展移动速度每次训练的持续时间不宜过长（通常在 20 秒以内），每次训练均以磷酸原系统为主要供能途径，重复次数不应过多，以保证下一次训练的进行，间歇时间应以青少年机体得到相对充分恢复为标准，休息方式可为原地放松或放松游。

短冲训练法可以有效地提高青少年肌肉中高能磷酸化合物的储备量、无氧代谢酶的活性，加快糖酵解速度，从而提高无氧代谢能力。例如，10×12.5 米、10×15 米、8×25 米、(2～4)×50 米，110％～120％比赛速度，血乳酸指标控制在 2～3 摩尔/升，不考虑心率数或要求达到最高心率减 10 次/分钟，训练时间与间歇时间的比例为 1.8～1.6。短冲训练法是典型无氧非乳酸供能方式的训练，主要是改进肌肉利用、储存能量的能力，提高在短距离内的最高速度。

由于神经、肌肉系统是否处于最佳状态对速度素质的发展有很大关系，因此青少年进行速度训练之前，往往采用一些教育学方法和手段，预先刺激这些系统。例如，在水陆训练之前，可将小重量的划水模仿训练当作预先刺激速度能力的手段。可将小阻力和牵引游当作水上刺激速度能力的准备手段，牵引游的游速应比青少年的极限游速快 5％～20％。在采用这些刺激手段之后，进行一组 10～15 米的冲刺训练。为使游泳技术形成良好的速度节奏，采用极限强度的握拳游和正常游交替进行是一种很好的训练手段。

发展速度能力时，选择每次训练的最佳持续时间和训练的间歇时间具有重要意义。例如，要发展动作的极限频率，训练时间大致应在 3～4 秒。每次速度性训练的间歇时间应保证工作能力几乎完全恢复。不过，休息时间也不应使中枢神经系统兴奋性过分下降。

速度训练在一个大周期中主要安排在准备期的后期和比赛期的前期，在一周中最好安排在小强度训练或调整训练后的第一天进行。在一天或一次训练课中，最好安排在前半段，此时青少年的精神状态和体力处于最佳。人体疲劳时和神经过程灵活性下降时尽可能不安排速度训练。

(三)游泳运动项目的耐力训练

1. 游泳运动项目的一般耐力训练

长时间、小强度是发展一般耐力的基本特点。陆上训练可采用长时间单一训练。水上通常采用长游或各种形式的变速游,这类训练消耗的能源物质是工作肌和血液中的脂肪,有利于减少多余体重。

(1)长游训练。长游时间可维持在 30～90 次/分钟(依据无氧阈水平的个人差异而定),训练心率应维持在 130～150 次/分钟。长游训练的主要效果在于增加肌肉中的毛细血管网、肌肉中的线粒体数量和氧化酶数量,从而提高有氧供能能力。与间歇训练相比,长游训练更有助于有氧能力稳定提高,长游训练是其他各类训练方法的基础,可为各系统的协调工作建立有利条件。此外,长游训练可减少过度训练的危险,提高技术动作的经济性,有助于青少年养成工作肌紧张、放松的习惯。虽然长游训练耗能巨大、花费时间多,但对青少年耐力的发展是安全可靠的。例如,2 000 米爬泳,85% 强度,心率 120～140 次/分钟,休息 4 分钟,每次训练时间应在 2.5 小时左右。

(2)变速游训练。长距离变速游多选择 800～3 000 米的游距,其中 25%～50% 采用 50～200 米的距离,以 90% 的强度进行训练,其余以 80% 的强度进行训练。例如,2 000 米变速游[(200 米主项,90% 强度)+(200 米副项,80% 强度)],休息 3 分钟;800 米变速游[(50 米爬泳,90% 强度)+(150 米仰泳,80% 强度)],休息 1 分钟。训练总时间在 2～2.5 小时,训练总量在 8 000～10 000 米。

2. 游泳运动项目的专项耐力训练

对于青少年来说,专项耐力的要求是用尽可能高的平均速度游完全程。除超长距离以外,专项耐力的主要供能形式为无氧糖酵解代谢,其主要训练方法为大强度的间歇训练法、重复训练法及比赛训练法。其负荷的主要特征为,采用超个体乳酸阈强度直至在较短距离中超比赛强度进行训练,中距离训练时的负荷总量达比赛的 3～6 倍,长距离为 1～3 倍,两次训练之间的间歇相对略长。采用大强度间歇训练时,应待心率恢复至 120～145 次/分钟再进行下一次训练;进行重复训练时则要求恢复到 120 次/分钟以下。训练采用的距离,中距离为比赛距离的 1/4～3/4,长距离不宜超过比赛距离的 3/4,但常采用比 1/4 专项距离短的训练段落。由于游距不同,专项耐力所表现的特点也不同。

(1)短距离。根据能量代谢的理论,无氧代谢水平的高低决定了青少年短距离的运动能力。无氧训练常用的方法有速度训练、重复训练、间歇训练、变速训练等，以及按照能量分类的高乳酸训练、耐乳酸训练。

第一，高乳酸训练。高乳酸训练是指使训练强度足以达到产生最大乳酸，从而改进无氧代谢机能，提高工作肌耐乳酸和消除乳酸能力的训练方法。主要采用 25~100 米距离，总量在 200~400 米，训练时间与间歇时间之比为 1∶8~1∶2，用 100%~110% 比赛速度，根据距离的不同将血乳酸指标控制在 10~18 摩尔/升，心率要求达到最高或最高心率减 10 次/分钟的强度进行。乳酸是糖酵解的最终产物，运动中乳酸生成量越大，糖酵解供能比例就越大，这说明无氧代谢水平越高。所以，高乳酸训练的目的是使糖酵解供能达到最高水平，提高 50 米、100 米以及最大强度运动时间为 1~2 分钟项目的运动能力。

第二，耐乳酸训练。耐乳酸训练是指在重复游或长距离游训练中，使青少年长时间产生的乳酸量大于消耗乳酸量的训练方法，目的是改进无氧代谢的供给和忍痛能力，提高工作肌缓冲和耐乳酸能力以适应比赛。可采用 50~200 米距离、总量在 400~600 米、训练时间与间歇时间之比为 1∶2~1∶1，用 95%~110% 的比赛速度，根据距离的不同将血乳酸指标控制在 6~12 摩尔/升，心率要求达到最高或最高减 10 次/分钟的强度进行。

不同训练水平的青少年对乳酸有不同的耐受力，乳酸耐受力提高时，机体不易疲劳，运动能力也随之提高。因此，耐乳酸训练对 100 米、200 米项目尤为重要。

（2）中长距离。第一，有氧无氧混合训练。有氧无氧混合训练是介于有氧和无氧训练之间的混合供能训练区域，通常必须维持在乳酸阈的水平上，训练距离多采用主项距离或短于主项距离，负荷强度为 90%~95%，血乳酸值约为 5~9 摩尔/升，间歇时间以心率降至 120 次/分钟为开始下一次训练的确定依据，从而提高有氧无氧混合供能能力，发展速度耐力。例如，采用重复游的方法：（2~4）×100 米，间歇 3~5 分钟，要求完成最好成绩的 95%~100%。或者采用递增变速游的方法：要求青少年完成每一游距时，后程比前程快，如 n×400 米，要求每个 400 米用最好成绩的 90% 来完成，并且每个 400 米后 200 米的成绩要比前 200 米快。较高负荷心率的刺激，可使机体抗乳酸能力得到提高，以确保青少年在保持较高强度的情况下具有持续运动的能力。另外，可采用 10~25 米的配合游和分解训练。进行这种游距的训练时，可采用加阻游、极限强度的带划水掌游、超极限速度（大于 1.9~2.0 米/秒以上）的水槽游（水流流速在 1.9~2.0 米/秒以上）、滑轮拉力游以及 25~50 米比赛游的方式。采用重复和间歇法训练时，重复次数不宜过多,重复次数可在 6～8 次或 12～16 次。

第二,有氧耐力。对于长距离游泳项目来说,相对强度较小、心率控制在 145～170 次/分钟、训练时间不少于 20 分钟的持续训练法是一种常用的发展有氧耐力的方法。但一次负荷时间在 5 分钟以上、强度控制在 160 次/分钟、间歇时间以心率低至 120 次/分钟开始下一次训练的间歇游更适用于提高长距离项目的有氧耐力水平。持续训练和间歇训练的区别在于间歇训练能够完成更多的运动量。假如间歇训练的强度使心率超过 170 次/分钟以上,机体就要产生氧债,使训练效果发生变化;假如低于这个界限,如 140 次/分钟以下,心输出量达不到最大值,吸进的氧也少,则也会影响训练效果。

游速慢的训练会压抑速度素质和无氧代谢能力,也会破坏肌肉的机能状态。所以,只有采用各式各样的训练手段,综合使用长游和间歇训练才能有效提高青少年的有氧能力,同时不影响其他各类训练水平,也不损伤青少年的健康。

(四)游泳运动项目的柔韧训练

1. 动力牵拉训练

动力牵拉是指有节奏的、速度较快的、幅度逐渐加大的多次重复一个动作的拉伸方法。在运用该方法时,用力不宜过猛,幅度要由大到小,从而避免拉伤。每个训练重复 5～10 次(根据不同专项技术的需要而增加)。

2. 静力牵拉训练

静力牵拉与动力牵拉正好相反,是轻柔缓慢地将关节移到最大活动范围内,将肌肉、肌腱、韧带拉伸到一定酸、胀、痛的感觉位置并略有超过,然后停留一定时间的训练方法。这种方法可以减少或消除超过关节伸展能力的危险性,防止拉伤。由于拉伸缓慢不会激发牵张反射,一般要求在酸、胀、痛的位置停留 5～60 秒,重复 6～8 次。

3. 被动牵拉训练

被动牵拉是静力牵拉的一种,由他人施加一个压力,即靠同伴的帮助或负重借外力的拉伸使活动幅度增大。但外力应与青少年被拉伸的程度相适应。

4. 慢速动力拉伸训练

慢速动力拉伸是用较慢的速度进行动力拉伸,可与静力牵拉结合进行,当关节移到最大幅度时静止 5 秒或更长时间。

5. 收缩—放松训练

收缩—放松训练是根据神经肌肉的本体感受器特征发展起来的。其依据是当肌肉先收缩时,可以更充分地放松,使活动幅度增大。

参考文献

[1]陈碧述.现代运动健身指导[M].西安:西安地图出版社,2009.

[2]黄华清.运动与健身[M].武汉:华中科技大学出版社,2006.

[3]黄艳美.体育与健康[M].广州:广东高等教育出版社,2005.

[4]郎朝春.健康体适能与运动处方[M].北京:北京理工大学出版社,2013.

[5]李建臣,任保国.青少年体能锻炼与体质健康[M].北京:化学工业出版社,2014.

[6]刘胜,张先松,贾鹏.健身原理与方法[M].武汉:中国地质大学出版社,2010.

[7]刘星亮.体质健康概论[M].武汉:中国地质大学出版社,2010.

[8]刘志敏等.促进体育强国与全民健身运动协调发展战略研究[M].北京:北京体育大学出版社,2014.

[9]吕高飞.体育与健康基础理论教程[M].北京:清华大学出版社,2006.

[10]毛亚杰.大学生健康教育[M].北京:北京理工大学出版社,2014.

[11]沈建国,施兰平.健康体适能[M].杭州:浙江工商大学出版社,2013.

[12]孙庆祝,郝文亭,洪峰.体育测量与评价[M].北京:高等教育出版社,2010.

[13]谭思洁,王健,郭玉兰.青少年运动健康促进导论[M].北京:知识产权出版社,2012.

[14]田向阳,程玉兰.健康教育与健康促进基本理论与实践[M].北京:人民卫生出版社,2016.

[15]王健,马军,王翔.健康教育学[M].北京:高等教育出版社,2006.

[16]闫希军.大健康观[M].北京:东方出版社,2017.

[17]杨则宜.优秀运动员营养实用指南[M].北京:人民体育出版社,2007.

[18]尹军,袁守龙.身体运动功能训练[M].北京:高等教育出版社,2015.

[19]袁尽州,黄海.体育测量与评价[M].北京:人民体育出版社,2014.

[20]张钧,张蕴琨.运动营养学(第2版)[M].北京:高等教育出版

社,2010.

　　[21]张友菊.大学生健康教育[M].北京:中国人民大学出版社,2015.

　　[22]党权.我国青少年体质健康促进政策历史变迁研究[D].南京:南京师范大学,2014.

　　[23]冯晓玲.我国青少年身体素质下降的成因分析与对策研究[D].北京:北京体育大学,2012.

　　[24]徐静.池州市青少年体质现状及提升的路径研究[D].武汉:武汉体育学院,2016.

　　[25]郇昌店.我国青少年体质健康政策协同研究[D].上海:上海体育学院,2016.

　　[26]陈彦,赵丽光.高校体育教学与人的社会化问题的分析[J].沈阳体育学院学报,2003,(2).

　　[27]杜发强,樊晶晶.我国青少年学生体质健康致因探析[J].体育与科学,2014,(3).

　　[28]费加明.我国青少年体质健康问题反思[J].中国学校卫生,2014,(8).

　　[29]康秀平.浅谈中学体育教学中的安全问题[J].体育时空,2015,(1).

　　[30]李东斌.青少年体质健康促进政策研究[J].体育文化导刊,2014,(12).

　　[31]林莉,孙仕舜,董德龙.学校体育对青少年体质健康促进的思考[J].北京体育大学学报,2011,(8).

　　[32]马军.中国学生健康状况监测及学校卫生监测体系建立[J].中国学校卫生,2015,(7).

　　[33]牛丽丽,郭敏.2000年以来我国青少年体质健康研究综述[J].体育文化导刊,2014,(6).

　　[34]牛丽丽,郭敏.青少年体质健康一体化体育服务体系构建[J].山东体育科技,2014,(1).

　　[35]秦婕.基于政策视角下的青少年体质健康促进研究[J].西安体育学院学报,2015,(1).

　　[36]吴新宇.谈健康体适能的几大研究范畴[J].体育研究与教育,2015,(4).

　　[37]杨成伟,唐炎,张赫,张鸿.青少年体质健康政策的有效执行路径研究——基于米特－霍恩政策执行系统模型的视角[J].体育科学,2014,(8).

　　[38]杨桦.深化"阳光体育运动",促进青少年体质健康[J].北京体育大学学报,2011,(1).

　　[39]宇辑.运动营养研究及应用综述[J].中国体育教练员,2015,(1).

　　[40]张朋,阿英嘎,李宝国.青少年体质健康监测的实务与反思[J].广

州体育学院学报,2016,(1).

[41]张强峰,刘花云,孙洪涛.论《国家学生体质健康标准》测试项目的调整[J].武汉体育学院学报,2016,(12).

[42]张向昕.运动营养学研究[J].中国校外教育,2010,(5).

[43]钟亚平,蒋立兵.多学科视域下青少年体质健康促进的困境与突破[J].体育学刊,2018,(3).

[44]Rene Dubos. *Man Adapting*[M]. New Haven,CT:Yale University Press,1965.